成交心理学

PSYCHOLOGY OF TRANSACTION

邓焱中 ◎ 著

中国商业出版社

图书在版编目（CIP）数据

成交心理学 / 邓焱中著. -- 北京：中国商业出版社，2020.1
　ISBN 978-7-5208-1097-5

　Ⅰ. ①成… Ⅱ. ①邓… Ⅲ. ①销售－商业心理学 Ⅳ. ①F713.55

中国版本图书馆 CIP 数据核字(2019)第 290206 号

责任编辑：刘万庆

中国商业出版社出版发行
010-63180647　www.c-cbook.com
（100053　北京广安门内报国寺 1 号）
新华书店经销
三河市长城印刷有限公司印刷
*
710 毫米×1000 毫米　16 开　13.75 印张　185 千字
2020 年 4 月第 1 版　2020 年 4 月第 1 次印刷
定价：48.00 元
****
（如有印装质量问题可更换）

自序

成交？

成交是：

成交顾客

成交人才

成交股东

成交一切……

在生活中挣扎的人、长期负债累累的人、工作一直不如意的人等，这些人一定不擅长成交，他们还都活在生存阶段。擅长成交的人，就算是失意也是短暂的，有困难也是一时的，因为他们都可以通过成交能力改变一切！在这个社会中，成交高手的生活状态通常是比较理想的，他们物质生活富足、精神生活愉悦……因为他们想要的基本都可以通过成交来获得！他们处在享受生活的阶段。

生活无处不成交!

有人认为从事销售是没有保障的工作,因为销售工作的收入主要靠提成,非常不稳定。其实,这种看法是不懂得成交的人的粗浅理解。我们知道,在日常生活中大部分非销售类工作的收入是有上限的,而销售人员的工作收入却往往上不封顶。因为销售工作的收益方式是计效益、算提成,你成交的客户越多,相应收入就会越多。当然,前提是你会成交!

无数成交高手的经验证明,销售,是草根改变命运的最好途径。成交能力,是你从平庸走向非凡的重要技能,是草根逆袭的秘密武器。

我从事销售工作已经超过20年,其中从事培训工作超过18年,我的工作都离不开成交。我18岁高中毕业从贫困山区走出来从事销售,21岁开始创业,到28岁实现财务自由。如今,我投资的数个领域都已获得一定成就。一路走来,我深深感到,我今天获得的一切,主要是因为成交能力!

因为自己受益于成交,所以我开设了成交课程,我的销售和成交课程也有效地帮助了很多人和公司成长,让他们重拾信心,实现业绩暴增。

在这之前,我已经在目标管理、执行力、金融资本、领导力等领域出版过系列书籍,很多学员一直呼吁我出一本关于销售成交方面的书籍,直到现在,我才觉得时机比较合适,遂决定把多年积累的销售心法、成交秘诀分享出来,希望能更有效地帮助更多的人在销售领域获得优秀业绩和成长。我的人生座右铭是:帮助更多人走向成功更能体现我的价值!

我相信,本书将帮助更多人提升销售成交能力,甚至改变命运!

当然，在阅读本书之前，我想请读者朋友先问自己这样几个问题：在生活中，创业艰辛，你是否要成为成交高手，来改变自己和家人的命运？甚至成为成交大师，改变更多人的命运？

如果答案是肯定的，那么你一定要好好阅读本书。同时我正在开设《成交大师》课程，欢迎有缘人走进我的课堂，我可以对你面授机宜，让你可以更有效、更系统地学习并掌握成交技能，最终达到更快改变命运的目的。如果我们的理念相近，那么我们可以携手共创未来，在成就自己的同时一起帮助更多人成功！

邓焱中

2019年1月1日于广州

前言

你也可以成为成交大师

销售是什么？

直白地说，销售就是通过说服客户来达成交易。而销售的最终目的就是成交。

成交也就是顾客接受销售人员的建议，并且最终选择购买销售人员所销售的商品的过程。成交是面谈的继续，也是整个销售工作的最终目标。简言之，销售成交就是销售人员用来"引导"顾客实现购买或承诺的一项建议。

不同的销售人员，采用的销售策略不同，得到的最终结果也都会各有差异。对于销售人员而言，只有坚持自我，提高综合素养，掌握娴熟的营销技巧，才能提高销售量，也才能在竞争激烈的市场上打出一片自己的天地。

学习，是销售人员职业生涯中最重要的事情之一。通过学习，可以不断丰富专业知识，拓展眼界，从而可以用更多的方法来面对工作中的未知问题。作为一名销售人员，只有不断学习，才能从容应对销售中遇到的各类新问题；只有掌握了巧妙的销售技巧，才能在众多同行中脱颖而出，成为大师级的销

售精英。

《成交心理学》从销售人员应该具备的基本要素入手，介绍了成交的步骤、成交的核心、产品的宣传、用户体验、客户服务、品牌塑造等内容，为销售人员提供实用性干货，能够很好地解决销售人员完不成业绩的困扰。无论是新人，还是元老，都可以通过阅读这本书获得新的启发，提高销售能力，顺利成交。

互联网的兴起，改变了传统的销售方式，需要销售方式不断推陈出新。这本书可谓是销售人员的"武功秘籍"，认真阅读，必然会让销售人员的能力显著增强，在销售实践中也能够取得更优异的业绩！

事实上，任何人都有机会成为成交大师，任何销售人员都有成为优秀销售者的潜质，关键就在于不断地学习，以及对核心技巧的掌握！

目录

第一章 提高基本素质，促成交 / 1

一、知识层面：掌握产品基础知识 / 2

二、计划层面：先做计划后成交 / 7

三、状态层面：用良好的状态面对客户 / 11

本章小结 / 16

第二章 熟知成交的"天龙八步" / 17

一、做足准备：万事都要提前准备 / 18

二、知己知彼：多方认知，了解客户需求 / 22

三、建立信任：让客户信任，才能有成交 / 29

四、产品介绍：将产品内容告诉客户 / 33

五、找出问题：多方沟通，了解客户的痛点 / 38

六、解除抗拒：正确应对，解除抗拒 / 43

七、成交：提高临门一脚，促进成交 / 47

八、跟进：给客户提供最好的售后服务 / 51

本章小结 / 56

第三章　坚守成交的三大核心 / 59

一、信念：我行，我行，我一定行 / 60

二、爱心：用"爱"感化消费者 / 64

三、信任：客户信任你，才会信任你的产品 / 68

本章小结 / 72

第四章　成交，做对事情最重要 / 73

一、选对的平台：选择有网络销售的平台 / 74

二、选好的产品：想要好的成交率，先选好产品 / 77

三、选对目标消费者：知道究竟谁要买产品 / 81

四、选对的策略：选错了营销策略，必败 / 84

本章小结 / 90

第五章　广告宣传：加大宣传力度，让产品尽人皆知 / 91

一、积极召开产品推介会 / 92

二、利用网络进行宣传 / 94

三、将电台合理利用起来 / 96

四、通过电视节目进行植入 / 101

五、不能忽视了杂志和广告牌 / 104

六、重视微信的力量 / 110

本章小结 / 114

第六章　重视体验：用最好的体验赢得客户的心 / 115

一、确定一个中心且所有服务都围绕该中心展开 / 116

二、吸引顾客参与，不忽视任何一个顾客 / 119

三、与顾客沟通，发掘他们的内心渴望 / 122

四、尊重顾客的体验感受，优化品质 / 125

本章小结 / 129

第七章　情感认同：从情感出发，引导心灵的共鸣 / 131

一、成为消费者的知心朋友，帮助消费者解决疑虑 / 132

二、运用情感沟通，跟客户拉家常、问冷暖 / 136

三、不同的营销场所，环境布置要求和标准也不同 / 139

四、只有舒适的环境，才能给消费者带来愉悦 / 145

本章小结 / 147

第八章　客户服务：卖产品，其实就是卖服务 / 149

一、卖服务比卖产品更加容易打动人心 / 150

二、明确客户服务信念 / 154

三、提高服务质量，让客户满意 / 158

四、为客户提供超值服务 / 162

五、为客户提供个性化服务 / 166

本章小结 / 169

第九章　塑造品牌：成交的最高境界，就是做好个人品牌 / 171

一、互惠：要获得，就要先付出 / 172

二、守诺：做出承诺，就要用行动去证明 / 175

三、喜好：了解客户喜好，满足客户的要求 / 178

四、权威：让权威人士为你说话 / 182

本章小结 / 185

第十章　自媒体运用：紧跟时代潮流，巧用社会化网络 / 187

一、选择合适的自媒体传播平台 / 188

二、与粉丝的互动，提高互动技巧 / 191

三、做好引流，吸引粉丝用户 / 194

四、对营销过程做好监测、分析和管理 / 197

五、将线上和线下结合起来 / 201

本章小结 / 204

后记 / 205

第一章 提高基本素质,促成交

一、知识层面：掌握产品基础知识

销售是一项艰苦的工作，并不是任何人都适合从事这份工作。销售人员的优秀与否与个人性格紧密相关，而个人性格在很大程度上又受到其先天秉性、生活环境、后天教育等诸多因素的影响。

要想成为大师级的销售人员，就要具备一定的基本素质，即自我认知、营销理念、法律意识、专业知识、社会技能等。这些基本素质组成了优秀销售人员丰富的知识结构，指导着他们不断克服销售障碍，不断取得进步，渐渐从普通走向优秀，直至成为销售大师。

1. 销售人员的工作胜任能力

作为销售人员，首先要对自己有一个清晰的认知，清楚地知道自己的追求、期望与定位，也就是说，要对自己的职业生涯做好明确的规划，然后根据该规划去不断调整、充实自己的知识结构，比如必需的营销知识、法律知识、专业知识等。

销售人员只有具备一定的工作能力，才能完成个人的销售任务，刷新公司的销售指标，进而实现公司的营销战略。所谓销售人员的工作胜任能力就是，完成某项销售任务时，个人所需的各种能力的完美结合。通常，销售人员的工作胜任能力主要包括三方面内容：

（1）知识。知识是头脑中的经验系统，是以思想内容的形式为人们所掌握，是个人能力形成的理论基础。销售人员需要的知识，既包括宽泛的营销理念、法律知识以及社会交往中的人际关系、社会角色等，还包括销售工作涉及的专业知识、专业理论等。

（2）专业技能。专业技能是操作技术，是对具体动作的理解，它以行动方法的形式为人们所掌握，是个人能力形成的实践基础。销售人员需要的专业技能，既包括销售工作中对商品的演示、操作技能，也包括销售工作中涉及的复杂人际关系处理能力等。

（3）社会角色。所谓角色是指，人们在所处的特定的组织与社会中的地位；社会角色则是指，一个人投射给其他人的形象或印象。销售人员的社会角色是一个复杂的综合体，如在公司，需要以最了解产品和客户需求的前线人员的身份，配合生产部门、研发部门、售后服务部门等部门的工作，需要处理好上下级关系、同事关系、领导与被领导关系等；在客户那里，则是指导客户购买的助手，可以帮助客户作出购买决策，需要处理好公司与个人、公司与客户、个人与客户等方面的关系；在家庭，则扮演着多重家庭成员的角色，儿子或女儿，丈夫或妻子，父亲或母亲等，需要处理好亲情、友情与爱情等方面的关系。

2. 优秀销售人员的特征

美国著名销售专家曾说："销售工作的98%是对人的理解，2%是对产品知识的掌握。"大师级的销售人员，一般都具备如下几个特征：

（1）具备正确的、先进的现代营销理念。大师级的销售人员，一般都清晰地了解现代营销的发展方向，比如：营销理念的形成与发展，以公司为中心的生产理念、产品理念与销售理念，以客户为中心的营销理念、关系营销理念、社会营销理念等。

最先发展的以公司为中心的生产理念特点是供不应求，被动接受；公司以生产为中心，不断改进生产过程，提高生产效率。产品理念的特点是注重品质，忽视需求，公司必须以产品品质为中心，向市场提供自己能够生产的产品。销售理念的特点是以销定产，开拓市场，扩大销售，因此销售人员的主要工作是，不遗余力地将已经生产出来的产品销售给客户。

以客户为中心的现代营销理念，强调以销定产，注重需求，营销焦点从先前的"生产"转移到"市场"。销售人员的任务是从客户的需求出发，进行营销活动，以适当的产品或服务来满足客户的需要与欲望。

关系营销理念，强调在产品或服务的整个生命期间，销售需要集中在买卖双方之间的关系上。

社会营销理念，强调满足需求，兼顾社会大众。销售人员的任务是必须在商品利润、客户需要与欲望和社会福利三方面进行权衡。

（2）具备正确的道德规范与相应的法律知识。对销售人员来说，不道德的销售行为或许能在一次交易中会侥幸成交，但要想跟客户建立和发展真正的合作伙伴关系，就需要百分百的诚实和真挚。通常，人们都会将道德定义为判定正确和错误行为的标准，因此，被社会多数人认同的行为标准就是道德规范。这些规范，一部分可以用法律来约束，违反规范就要受到法律的惩罚；另一部分不属于法律约束的，只能用社会约定俗成的道德的力量来限制。

具体到销售人员的销售行为来说，在销售过程中对产品介绍不当或违反有关承诺、保证以及进行商业诽谤等都是不道德的销售行为。这些不道德的销售行为，严重的甚至可能会受到法律制裁等。

这里重点说说商业诽谤，它主要包括以下几种形式：

①口头中伤。主要是指口头向第三者（如客户）进行有关竞争者的不公正或不符合事实的陈述，即对竞争者的商誉或个人名誉的伤害。

②书面诽谤。主要是指在与客户的书面文字交流中出现的不公正或不符合事实的陈述，包括给客户的信件、销售文字资料、广告或公司手册等。

③产品贬损。主要是指对竞争者的产品或服务进行不切实际的比较和歪曲。

④不公平竞争。主要是指进行产品介绍时，销售人员对产品的性能或质量做出的不符合事实的表述。

销售人员要想赢得大众的尊重，就要按照大众所能接纳的道德标准来处事，努力处理好与竞争者、与公司、与客户等多方面的关系。拜访客户时，销售人员都会遇到客户问及有关竞争者的问题，有些销售人员就会趁此机会大肆贬低竞争者，这样反而会使自己面临很大的信用风险。如果客户已经决定购买

竞争者的产品,而销售人员此时对竞争者进行贬损,必然会引起客户的反感,不利于与客户建立长期的关系。要想维护在客户面前的信誉,销售人员就要对客户坦诚相待,可以客观描述产品与竞争者产品的关系,让客户自己做出选择与决定。

在客户关系方面,不道德的行为会引发众多负面后果;相反,讲究道德与职业规范的销售人员则会受到客户的欢迎。因此,如果想与客户建立持久的合作关系,就要诚实笃信,真挚沟通,努力创造一种具备良好道德规范与遵纪守法的销售氛围,更好地为客户提供服务。

(3)掌握销售业务所必需的知识。对大师级的销售人员来说,在正式销售之前,都会掌握必需的业务知识。销售需要勇气,但绝不能盲目行动。成功销售的前提是对客户的理解,因此在开始销售过程前要先进行调查和了解,掌握必要的知识。销售过程是对客户的说服与指导过程,只有掌握必要的知识,才能进行有针对性的说服与指导。

二、计划层面：先做计划后成交

成功的营销都是从一份好的营销计划开始的。成交大师的计划书往往长达数百页，而即使是普通销售人员的营销计划也得用掉半打纸。因此，在正式销售之前，一定要将你的营销计划放入一个三孔活页夹内。值得注意的是，这份计划至少得以季度划分，如果能以每月划分那就更好了。

销售计划是指导销售人员在计划期内进行产品销售活动的计划，它规定了在计划期内产品销售的品种、数量、销售价格、销售对象、销售渠道、销售期限、销售收入、销售费用、销售利润等，是销售人员制订营销计划的重要依据。在销售及生产的月度报告上贴上标签，有助于追踪自己计划执行的成绩。

1. 目标的确定

在销售之前，需要制订一份销售计划，明确自己的销售目标。所谓目标就是销售人员内心对一项工作完成时预期效果的描绘。销售人员在销售产品之前，一定要先确立目标。

好的目标，在销售过程中通常会考虑两个方面：

（1）销售目标。它包含是否要求老客户增加订货数量或品种；是否向新客户提出订货单。

（2）行政目标。它包括是否需要收回账款；是否有投诉或咨询需要处理；是否需要传达公司的新政策。

2. 客户的选择

（1）选择客户的依据。客户的选择指标参数很多，综合来看，要选择那些在同行里受到尊重、拥有垄断实力、服务水准最佳、销售额稳定、市场拓展能力强、有稳定顾客群的客户。

（2）客户等级划分的依据。划分客户等级的时候，要根据客户的资信状况、经营规模、人员素质、仓储能力、运输能力、内部管理及组织机构及销售网络的覆盖范围来进行。之后，再根据公司政策、市场状况等决定目标客户。通常，可以将准客户划分为三级：

A级。最近交易的可能性最大。

B级。有交易的可能性，但还需要时间。

C级。依现状尚难判断。

判断A级客户的M、A、N法则如下：

M，即money。主要是说对方是否有钱，或能否向第三者筹措资金。销售人员要提前了解客户的经济实力，不要贸然行动。

A，即authority。是指需要确定你极力说服的对象是否有购买的决定权，如果没有决定权，你将会白费口舌。

N，代表 need，即需求。如果对方不需要这种商品，即使有钱有权，不论销售人员如何鼓动，也都代表无效。不过，这里的"需求"弹性很大。当然，需求是可以创造的，普通的销售人员是去适应需求，而专业的销售人员则是刺激和创造出客户的需求，开发出其内心深处的消费欲望。

3. 行动计划的制订

每个销售人员都管理和控制着一个销售区域，为了完成公司制定的销售量或销售额，就要谨慎考虑并计划行程，具体步骤如下：

（1）确定客户分类。依据客户的重要性和增长潜能，可以将客户分为四级：首先是 A 级客户。对于这类客户，要安排在第一个星期出访，而且，为了利用最佳的脑力和体力，每天也要将重要的客户安排在上午拜访。接着是 B 级客户。对于这类客户，要安排在第二星期出访。由于其数目比 A 级客户多，每家的拜访次数要相应减少。然后是 C、D 级客户。这两类客户，应安排在第三个星期出访。

每四个星期都要将自己的精力集中于客户服务（维修、技术与操作）、货品陈列收账和计划下个月的工作方面。当然，销售人员也可以据实灵活安排前述 A、B、C、D 客户拜访计划，比如在每日、每周的拜访客户中既有 A、B 级客户，又有 C、D 级客户，但无论怎样安排销售人员，都要明确地知道，首期拜访 A 级和 B 级客户，可以使自己在最早的时间掌握我负责区域内的销售成交先机。

（2）明确出访频率及形式。销售人员若想尽快完成公司销售指标的任务，要将自己的销售重点集中于那些"销出"迅速、账款回笼及时的客户。因此，销售人员必须以"定点巡回"的方式反复多次地出访这类客户，用连续不断的

客户服务达成销售目标。在激烈的市场竞争中,销售人员更要保持极高频率的拜访次数,用稳定的营业额、连续的专业客户服务让对手难以介入你的客户和市场。

(3)提升出访质量。销售人员选择不同的客户等级,每日出访的客户也会不同。据权威资料统计,很多销售人员每天花在真正销售上的时间不会超过2小时,只有制订谨慎而周详的每日工作计划,才能增加出访次数,确保每次出访更有实效。最理想的状态是,提前预定下每日的出访行程,保证每次出访安排都是最经济、最有效的。

4.制订行动计划的注意事项

销售之前制订一份销售计划,会使你胸有成竹。但是,面对不同的顾客,并不能只用一份计划,要因人而异。因此,在制订计划之时,要注意以下方面:

(1)要有某些特别的提案。要想把商品顺利地销售出去,在每次访问前就得准备一份特别的销售计划。换句话说,面对准顾客的时候,必须有"针对他而计划好的某些特别的提案"。

(2)不能光靠普通的商品说明。因人而异的说明,要完全符合各个准顾客特性的说明,要清楚这些问题:我的诉求是什么?我要说服他做什么?打算采取什么方法促其实现?怎样准备"访问的理由"?这些理由如何保证内容都不一样?

三、状态层面：用良好的状态面对客户

营销工作是心态、资源、韧性、能力、知识、政策、品牌等多种因素综合作用的结果，其他的重要性在此不提，这里我想说一下工作心态。

1. 心态培养

不同的精神状态，会产生完全不同的营销结果。很多人始于平凡，行于不平凡，从而达到了他人无法超越的境界。比如李嘉诚、王永庆、胡雪岩等，他们原本都是普通的商业人员，处于营销的最前线，然而最终通过自己的努力，将同事、朋友和上司等成功地甩到了后面。他们取得如此成就跟良好的心态是分不开的。

如何拥有良好的心态呢？

（1）从三方面保持积极的精神状态。

①积极乐观的情绪。问题一般都出现在困难中，能力都是伴随问题的解决增长的，乐观积极的情绪能增加问题解决的成功率，使信心随之大增，经验

也随之积累,所以要想从容地面对各种困难,就要具备乐观的情绪和积极的态度。积极的人像太阳,照到哪里哪里亮;消极的人像月亮,初一十五不一样。

②坚忍不拔的精神。执着,会让失败远离我们。没有成功并不意味着失败,它也是成功的一部分,是成功前的实验,爱迪生历经无数次试验最终成功找到最适合发亮的灯丝就是这个道理。没有坚强的心,执着的劲儿,失败定然会常伴常随。屡败屡战,必有一成,比如:曾国藩的成功不是来源于能力、水平和资源,而是来源于精气神。

③乐于爱的奉献。分享是人类快乐的一大源泉,乐于助人和奉献,必然会受到他人的帮助。在营销工作中,只要不断地帮助客户、同事、上司和老板,你的精神状态一定会更上一层楼;工作劲头儿足了,工作表现自然也能更出色。

(2)改变当前的不良状态。赚钱其实很简单。为什么有的销售人员业绩平庸?因为他们都有个共同点,就是喜欢抱怨。同行竞争激烈、市场环境差、客户难缠,都不是主要因素。归根结底还是销售人员内心深处的消极心态,不改变这些状态,注定无法取得卓越的成绩。常见的销售人员不良状态都有哪些具体表现呢?

①抱怨不景气,却不反思。有些销售人员的业绩不好,从来不会从自身找原因,而是归咎于外部环境,自己不努力,结果业绩越来越差,越来越抱怨外部环境。对销售人员来说,心态很重要。即使大环境无法改变,但只要有积极的心态,有热情,有信心,全力以赴,就能有业绩。

②害怕拒绝。做销售,都会遇到拒绝。如果因为客户的一次拒绝,就不

敢尝试，不敢面对，最后受伤的只能是自己，没有业绩，你什么都不是。之所以害怕，根本还在于太在乎自己，放不下脸面，如果心里想的是帮助客户创造价值，且立刻行动，也就没什么好害怕的了。

③害怕同行竞争。作为销售，竞争不可避免，只要有利可图，马上就会出来各种企业。而作为销售人员，需要坦然并主动地面对竞争、了解竞争对手、发现问题、解决问题、设立目标、在竞争中提高服务质量并采取可靠策略。

④安于现状。自满是阻碍销售人员业绩继续提升的最大绊脚石，抱着"自己做的还可以""自己也就这样了"等心态，潜能也就被禁锢了。真正的成功是不满于现状，要想成为优秀者，就要抱有进取心，不断更高地要求自己。

⑤对客户低三下四。这种状态是销售人员极度不自信的表现。销售也不是求着别人买东西，而是帮助客户解决问题，只有看得起自己，肯定自己的价值，客户才会信赖你。

⑥做事拖延。销售最怕的就是拖延，执行力低下，如果什么事情都拖着不去做，也就没有成功的机会了。说一尺不如行一寸，行动才是硬道理。不怕慢，最怕站着不动；站着不动，只能眼睁睁地看着机会慢慢溜走。

2. 训练魅力

对于销售人员来说，在客户面前的第一眼形象非常重要，你的形象，是你的个人魅力重要内容之一，是对自己的尊重，也是对客户的尊重。曾经看过一段话："性格写在脸上，人品映在眼中，生活方式显现于身材，情绪起伏表露于声音，态度看手势，家教看站姿，审美看衣服，层次看鞋子，爱不爱干净

看指甲，好不好打扮看头发，投不投缘吃一顿饭就能知道……"

多数失败的销售人员之所以失败，是因为他们看起来不像成功者，看起来就不想成功，或根本不知道什么是成功，或当成功的机会到来时，不知道如何把握成功！

作为销售人员，你的形象决定你的收入。要想拥有良好的状态，就要不断地训练自己，打造好的形象。

（1）外在形象是销售人员的代言。外在形象，是销售人员工作的代言。销售人员的个人整体形象包括：仪容、仪表、仪态，也就是一个人的相貌、穿着打扮、言谈举止。

不管是在公共场所，还是在私人聚会，只要销售人员与人进行交往，穿着打扮、言谈举止等外在形象就会出现在他人的眼里，并留下深刻印象。从一定意义上来说，销售人员外在形象的好坏，直接关系到销售业绩、社交活动的成功与失败。

（2）你可以决定你的销售形象。好看，不只是肤浅的漂亮，更是举止端庄、待人谦卑、谈吐优雅……所有的惊艳，都来自长久的准备。比如：销售人员制服着装要干净，否则，立刻换掉；要全套穿着，穿着合体，充满自豪感，注意工号牌佩戴正确；要搭配合适的鞋子，千万不要卷起外衣袖子；要确保扣子扣好，否则，不要到处走动；女士长筒袜不要露出袜边。穿衣要得体，是最基本的要求。

销售人员的魅力来自那份淡定、从容，当然最重要的还有谈吐大方、有主张却不咄咄逼人、讲礼貌、尊重他人，这也是销售人员最基本的涵养。

此外，要注意微笑，微笑是交流最好的良药。销售人员发自内心的微笑，会自然调动起五官：眼睛略眯起、有神，眉毛上扬并稍弯，嘴角上翘，唇不露齿，做到眼到、眉到、鼻到、肌到、嘴到，才会显得亲切可人，才能打动人心。

（3）做销售永远不要忘记阅读。研究证明，持续的脑力锻炼，可以减缓阿尔茨海默病的发生过程，因为在保持积极投入的状态下，大脑就不会失去活力，而阅读就是这样神奇的脑力训练。销售人员的形象里，除了外表外，还包含着自己走过的路、读过的书、爱过的人、历过的事，以及哭过的泪和洒下的汗。

世上总有好看的人，总有业绩做得好的销售人员，总有在变得越来越优秀的人，这些人为什么不能是你？读书能决定你的情怀、胸怀和气质，书读得多了，不管遇到什么样的客户，都会流露出一种能做出好业绩的自信。你读到的所有东西都会丰富你的头脑，未来的某个时候可能都会用上。拥有越多的知识，遇到挑战时就越有胜利的把握。

此外，读书还能引人深思，帮助你缓解压力。你所创造的每一段新的记忆都会形成一个新的突触（大脑通路），并会增强已形成的东西，帮助你唤起短期记忆、帮你稳定情绪，这对于高压力强度下工作的销售人员来说，非常有帮助。

值得记住的是销售人员的成功形象，要展示给客户自信、尊严、力量和能力。它不仅仅反映在对客户的视觉效果中，也是一种销售业绩的外在辅助工具。

本章小结

要想成为大师级的销售人员,就要具备一定的基本素质,即自我认知、营销理念、法律意识、专业知识、社会技能等。这些基本素质组成了优秀销售人员丰富的知识结构,指导着他们不断克服销售障碍,不断取得进步,逐渐从普通走向优秀,直至成为大师。

成功的营销都是从一份好的营销计划开始的。因此,在正式销售之前,一定要将你的营销计划放入一个三孔活页夹内。这份计划至少得以季度划分,如果能以每月划分那就更好了。

不同的精神状态,会产生完全不同的营销结果。很多人起于平凡,行于不平凡,达到了他人无法超越的境界。

多数失败的销售人员之所以失败,是因为他们看起来不像成功者,看起来就不想成功,或根本不知道什么是成功,或当成功的机会到来时,不知道如何把握成功!

第二章 熟知成交的「天龙八步」

一、做足准备：万事都要提前准备

万事开头难，销售同样如此。要想取得成交的成功，首先就要做好销售的准备。

1. 制定自己的标准说法

使销售说法精进的第一步是：事先准备一套自己的"说法大要"。而有数年销售经验的销售人员，能够在不知不觉中把洽谈中的一部分加以标准化。也就是说，跟不同的顾客洽谈的时候，背熟其中的一部分，习惯地使用它。

把销售时自己要说的话标准化，有很多好处，例如：有了不必靠死记硬背却能灵活运用的标准说法，销售的时候，就能胸有成竹，从容应答。重复使用同样的话术时，多余的部分会被渐渐删减，最后成为精简有序的销售说法。销售的时候，每一句话都会变得自然且条理分明，自然也不会发生搪塞一时或信口胡言的情况。那么，如何制订标准说法呢？

（1）先写出来。动笔把自己想说的话先写出来，透过这种"写"的过程，原本在脑海里如一片轻雾般抓不到头尾的东西，就能被整理出头绪来。

（2）反复打磨初稿。听取别人的意见或参考有关的书籍，再将它做适度的修正。

（3）口述练习。

①发出声音，读读看。

②利用录音机，听听看。

③实地使用，在访问顾客之前，先演练一次，然后实地使用看看再修正。

④实地使用之后，再总结一下有哪些地方不妥，能不能改得更好。

2. 销售前的准备

（1）物品准备。销售前，要准备好产品样品、公司及产品资料、报价单、合同书、名片、小礼品等，必须对这些内容进行仔细检查，以防遗漏必需物品。

（2）信息准备。主要为客户方面的信息，还包括竞争产品方面的信息。

（3）形象和心态准备。形象和心态是销售质量的重要因素，因此在正式销售之前，一定要检查和调整自身的形象与心态。

（4）明确访问目的，由此来决定说话的重点。

3. 明确销售时运用的谋略技巧

曾有人说过这样一句话："如果你有权势，就用权势去压倒对手；如果你有金钱，就用金钱去战胜对手；如果你既无权势，又无金钱，那就得运用谋略。"谋略就是"出其不意，攻其不备"。也就是说，乘对方还没有防备之时，发动进攻，才能出乎对方意料之外。

商场如战场，有谋者胜，产品销售也不例外。那么，怎样运用谋略呢？

（1）欲擒故纵。"擒"是目的，"纵"是方法。如何运用"纵"的手段呢？

诀窍是：当你和顾客交谈时，可以表现出一种漫不经心的态度，对能否向他销售出商品这一结果表现得毫不在意。这种态度很能引起顾客的兴趣。为什么会这样呢？如果销售人员销售时不认真，顾客就会认为销售人员销售的商品市场前景看好，或觉得皇帝的女儿不愁嫁，或认为销售人员怠慢自己。前一心理，会调动起他的购买欲；后一心理，会增强他的表现欲，他会想方设法让他人看到销售人员是怎样失职，想表现自己作为一名重要人物是怎样被销售人员怠慢的。但不管什么心理，都会给销售人员带来成功的机会。当然，这种谋略尤其适用于那些刚愎自用、自以为是的顾客，所以销售人员要注意分辨使用这一谋略的场景。

（2）激发情感。也叫作激将谋略，其内涵是用富有刺激性的语言来激发对方的某种情感，让对方的情绪发生冲动，失去理智，在冲动情绪的驱使下去做某种我们期望他去做的事。如何使用这种方法呢？

①看准对象。激将法并不适用于任何人。一般来说，它多适用于那些谈判经验不太丰富且容易感情用事的人。而对那些办事稳重、富于理智的经验老成者，激将法就很难在他们的身上发挥作用。另外，对那些谨小慎微、自卑感强、性格内向的人，也不适宜用激将法。因为富有刺激性的语言会被他们误认为是对他们的挖苦、嘲笑，并极可能导致怨恨心理。所以，使用激将法要看准对象。

②注意言辞。并不是随便什么语言都可以激发起对方的情感的。如果语言锋芒太露、太刻薄，会容易形成对抗心理；而语言无力，不痛不痒，则又难以让对方的情感产生波动。因此，在使用激将法时，一定要注意言辞的"度"。

③态度正确。"激将"一般用的是言辞,而不是"态度",千万不要为了激将而甩脸子、拍桌子,否则不仅会损害你的风度,还可能让对方产生厌恶心理。

(3)事例启迪。它是指在说服对方时,不正面直说,而是列举一些类似的事件,让对方借鉴,从中受到启迪,领悟道理,使之接受你的意见。

(4)借"砖"敲门。在形形色色的行业中,行销行业属于最艰难的行业之一。许多销售人员要销售自己的商品,却苦于不得其门而入。虽然他们满脸笑意、恭恭敬敬,但得到的回应多半都是冰冷的面孔、不屑一顾的神态。如何改变这种情形呢?不妨借"砖"敲门。

(5)借名钓利。所谓借名钓利就是借助名人、名牌、名胜等效应,提高自己商品的知名度,达到行销的目的。心理学表明,"名"对人们有着很大的诱惑力,且由于人们对权威具有崇拜心理,更使"名"的说服力大大增强。

二、知己知彼：多方认知，了解客户需求

一个顾客走进店里，销售人员应该问什么？不问什么？这是每个销售人员要学习的技能。我们先来看一个案例：

销售人员：先生，这款欧式风格沙发有多个专利技术，我们包送货安装……

顾客：对不起，我想看的是茶几电视柜，谢谢你的介绍。

销售人员：……

显然，成交之所以无法达成，是因为销售人员对顾客需求的把控力不足，错失了成交的机会。客户购买产品是因为有需求，但很多时候他们自己根本就不知道客户的需求是什么。因此，在销售过程中销售人员要清楚地知道三个问题：

第一，顾客需要购买的产品是什么？他（她）的消费能力如何？

第二，在销售过程中，什么时候可以探索顾客的需求？

第三，我们应该用什么样的方式去探索顾客需求？

新上门的顾客，销售人员往往对他一无所知，更无法知道顾客的需求。因此，先了解顾客的需求是销售人员的首要任务，因为只有了解了才能去满足。

1. 做好客户需求分析

客户需求是销售人员开展销售行为的关键依据，但客户不是每次都会毫无保留地告诉你，销售人员要通过行业分析、客户需求分析等方式方法来了解客户需求，解决问题。

（1）分析竞争对手。想要了解客户需求，就要先了解市场发展及竞争对手。知己知彼，百战百胜，销售人员应牢记这句话，因为只有足够了解竞争对手，才能做出应对。了解竞争对手，不仅要了解竞争对手的价格、特征，还要了解有哪些长处、不足、销量及销售形式等，记住：只有足够透彻地了解竞争对手，才能在市场掌握主动权，才能从另一方面了解到市场需求。

（2）客户特点及习惯。销售人员不仅要了解客户的兴趣爱好、消费习惯等，还要从销售本身出发，了解客户的内心。客户都比较重视产品质量和售后服务，只要把握好这两点，销售就比较容易成功。

（3）客户的真实需求。了解客户需求是成交的必要条件。要想了解客户的真实需求，就要寻找客户需求，仔细发现、等待客户需求呈现，确认客户需求，最后成交。

（4）满足客户。要学会维护客户自尊，沟通过程中多用这样的句子："有什么我可以帮您的吗？""您的事我一直放在心上，会尽快给您处理的""您好有眼光"等，以便让对方觉得受到了尊重和重视，同时客户也会有良好的消费体验。

2. 在问答中了解客户需求

（1）了解客户需求。在销售过程的开始阶段，要有意识地通过闲聊和类

似的非语言行为与客户建立起融洽的关系。现阶段，要把话题转到真正的销售目标，即了解客户需求。

为了把话题转换到销售上，明智的做法是设计并采用话题转换策略。可以尝试这种方法："××先生，首先感谢您今天抽时间跟我沟通，我的工作就是为了让您明白，我们的产品能为您带来哪些帮助。"类似这样的话不仅能让你把话题转到正事上，还能确保不会给你当时的处境增加压力。

当然，在向客户介绍议程时（或者在把话题引向销售业务时），销售人员要坐得再直一点。这是一种非语言暗示，提醒客户该集中注意力了。如果他们跟着你坐得更端正或身体前倾听你说话，就意味着他们已经投入与你的交流当中。如果他们没有这种反应，你可能就需要改变一下方式，让你们之间的关系更融洽一些。

当然，一旦话题过渡到了业务洽谈阶段，就要去了解客户需求了，即开始进行大师级销售人员最擅长的事——提问题。

（2）问题就是答案。在说服客户的过程中，为什么要提问题？很多销售人员认为，销售就是做陈述，即告诉客户为什么要购买。其实在说服客户的过程中，向他们提供购买之前需要了解的信息至关重要。

人们在感到困惑时会说"不"。但是，销售人员说的话永远没有客户自己说的话对他们有说服力。无论什么时候，销售人员向客户提问题，他们都会在心里回答一遍，即使他们有时候不会大声说出来。因此，销售人员提的问题应该引导客户对产品、对公司以及产品或服务是否有能力满足他们的需求发表看法。

客户经常会向自己提问题，不管是他们内心的想法或是直接用语言说出来，常见问题如下：

①这笔买卖划算吗？

②成本花费是多少？

③这个销售人员是不是在浪费我的时间？

④我能在别的地方买到更便宜的产品吗？

⑤这家公司会不会履行所做的承诺？

⑥这个销售人员真的了解我的情况吗？

销售人员无法直接控制客户如何回答这些问题，但能影响他们问自己什么问题，更有可能让他们给出让你满意的回答。这就是提问的力量！如果能够让客户向他们自己提出合适的问题，接下来就更有可能听到他们说出你想听到的答案。相比之下，如果顺其自然地不加引导或影响，任凭客户在心中向他们自己提出任何问题，可能就不会喜欢他们的答案。

总而言之，在销售过程中，谁提问，谁就掌控了整个对话。可是，如果销售人员向客户提问之后却不认真听他们回答，那么所提的这个问题就不会对拿到订单有帮助。因此，要想有效地了解客户需求，问的问题就要包含"积极地倾听客户的回答、确定接下来要问什么问题以及鼓励客户继续说下去"这几个层次。

（3）封闭式问题。销售人员能向客户提的问题基本上分为两类：第一类是封闭式问题，问题的答案只有一个词，客户只能做出肯定或否定回答。销售过程中一般都会出现封闭式问题，但如果提问的时间不对，不仅不会让客户

告诉你他们的想法和需求,还会让你们之间的对话戛然而止。在了解客户需求时,不能用以下封闭式问题开始:

①您想不想……?

②您会不会……?

③您是不是……?

④您能不能……?

⑤您是不是已经……?

有些提问内容不错,但提问形式不对。发生这种情况的话,这些提问反而会阻碍客户向销售人员透露有用的信息。比如下面的例子:

销售人员:"您经常用我们这种类型的产品吗?"

客户:"是的。"

销售人员:"您近期会购买我们这种类型的产品吗?"

客户:"不会。"

销售人员:"采购产品的时候,是您说了算吗?"

客户:"不是。"

封闭式问题会引导客户做出只有一两个字的回答,因此销售人员了解不到客户是如何使用此类产品的、客户近期为什么不会购买此类产品,以及采购决策人是谁等这类信息。在了解客户需求时,要尽量避免问封闭式问题,因为这种问题会导致客户在你最希望他们说点什么的时候三缄其口。

(4)开放式问题。这类问题需要客户真正去思考并且详细地阐述,不能只用"是"或"否"来回答这类问题。这类问题能使他们仔细地回答你的问题，让你充分了解他们为什么想要和需要你的产品。开放式问题基本上有6种形式。虽然之前没有对它进行过归类，但实际上你已经非常熟悉它了。

开放式问题的6种形式如下：

①谁……？②什么……？③什么时候……？④什么地方……？⑤为什么……？⑥怎么……？

开放式问题会让客户说出他们的需求、愿望以及购买流程方面的重要信息，下面就是一些开放式问题的例子：

①就您所在的行业，您面临的最大挑战是什么？

②一年中什么时候是您的业务旺季？

③您今年的经营目标是什么？

④贵公司在采购时是怎么做决策的？

⑤对于您目前的供应商，您的满意之处和不满意之处有哪些？

简言之，开放式问题就是客户无法用简单的"是"或"否"来回答的问题！

说个小故事，有两位销售人员，问了客户同样的问题，但提问方式不同：第一位销售人员问的是开放式问题，第二位销售人员问的是封闭式问题。经过一整天的奔波，拜访完客户之后，两位销售人员回到办公室，聊起了他们这一天的工作。

第一位销售人员说每位客户都滔滔不绝地聊他们的家庭、宠物、体育运动、旅行或爱好。他每次都是请客户抽出5分钟时间来见面，但通常客户都是聊了30分钟之后仍然意犹未尽。

第二位销售人员抱怨称,客户几乎不怎么说话,仅花了一点点时间与他见面。而且,客户通常态度冷淡,他只能在冰冷的气氛中离开。

如果客户经常对你的问题应付了事,那可能是因为你问了太多的封闭式问题,客户只需要用"是"或"否"回答就行了。记住,在与客户面谈环节,仅让客户投入注意力还远远不够,建立起融洽关系后,提出开放式问题,努力获取有助于订单成交所需的重要信息。

三、建立信任：让客户信任，才能有成交

一位公司经理在对本公司的销售人员进行业务培训时曾经说过："把产品卖给客户，客户不退货，且成为你的回头客，才是真正大师级的销售。"

要想使客户成为你的"回头客"，即忠诚客户，首先就要赢得客户的信赖。当销售人员和客户建立起相互信赖的关系时，才可能出现继续合作的机会，销售人员才可能获得大批忠诚客户。

作为一名销售人员，赢得的客户信任越充分、越坚定，客户对你的忠诚就越持久、越稳固，而由此节约的开发新客户、产品宣传等的销售成本就越多。当然，最终指向的结果是，销售人员从中获得的利益就越多。这不仅包括销售产品形成的实际利润，还包括稳定的客户资源和无形的声誉资源等。

1. 如何才能实现客户信任

为了让客户信任你，销售人员可以从以下几方面着手：

（1）不间断地培养客户信任。在第一次与客户进行沟通时，销售人员就要注重对客户信任的培养，且对客户信任的培养必须贯穿每一次沟通过程，尽可能地使这种过程保持连续。如果销售人员只是偶尔着手建立客户对自己的信

任，客户就很难在心中形成对你的信赖感。

（2）要以实际行动赢得客户信任。建立相互信任的客户关系仅靠销售人员的嘴上功夫还远远不够，还必须全心全意地付出，真正热诚地关注客户需求，为他们合理需求的实现付出实际行动。

没有付出就不会有收获，在每一次沟通过程中，如果不用真诚的行动感染客户，客户信任就永远无法形成。

（3）不因眼前小利伤害客户。销售人员贪恋眼前小利而进行不利于客户利益的活动，会直接导致客户对你的不信任。即使之前你已经令客户对你拥有了99%的信任，但仅仅这1%的不信任就会使接下来的沟通出现重大逆转。

对客户的一次欺骗和伤害，可能影响客户周围的一大片潜在客户，且这种恶劣影响很难通过其他手段来挽回。数据显示：平均每个人周围有250个熟人，一位客户受到伤害，可能就会失去250位潜在客户。所以，销售人员一定要谨慎衡量其中的利害得失。

2. 客户信任三步曲

面对陌生人，面对不了解的产品，客户产生抗拒是人之常情。营销就是要不断地向陌生人成功销售自己的产品。而想向客户销售商品，首先就要把自己销售出去，换句话说，就是取得客户的信任。

在实际工作中，如何获得客户的信任是许多从业人员面临的一大困扰。毕竟，如何去成功地销售自己，这是一件不太容易的事情。一般来说，取得客户的信任有3个不断递进的层次，我们简称为"信任三步曲"。

（1）让客户接纳你。这种从陌生到熟悉乃至接纳的变化源自客户对你的信任。如果客户对销售人员的信任度非常低时，是不可能直接将自己的需求说出来的，也不会购买产品。所以，从陌生到熟悉是与客户建立联系时要完成的第一个步骤。

（2）让客户认同你。从熟悉到朋友是一个巨大的飞跃，也是客户对你信任的进一步提升。试想，什么样的人会成为朋友？很简单，有共同兴趣和爱好的人最容易成为朋友。所以，要想跟客户成为朋友，就要找出你和客户共同的兴趣和爱好，从兴趣和爱好去培养销售人员与客户之间的友谊，增加彼此之间的信任。

目前，多数销售人员和客户之间只停留在熟悉的层次上，例如，一起吃饭、看电影等。吃一两次饭，销售人员和客户之间的熟悉程度可能会加深，但要从熟悉变成朋友、达到一个质的变化，就必须开发出你和客户的共同兴趣。所以，销售人员要抓住客户的兴趣所在，多做客户感兴趣的事情。

（3）不是亲人胜似亲人。发展与客户的关系，最高境界是与客户之间达到一种类似亲人的关系。类似亲人是什么样的感觉？就是同舟共济、患难与共，时时处处站在对方的角度考虑问题。每个家庭的经济状况都不一样，销售人员要了解他们担忧的是什么，帮助客户考虑问题。针对客户的问题，要根据他们的经济状况，用具体的方案来解决，这样的话客户就会觉得你是真心为他们着想的，他们也会乐意接受你的建议。

如果能对客户做到这一点，像亲人一样对待客户，你与客户的关系肯定会进一步升华，客户对你的信任也一定会增长。当客户把你当作亲人一样看待

的时候，销售就变得非常简单了。

当然，取得客户的信任只是商品营销的第一步，在与客户的沟通过程中要注重每个小细节，要用心倾听客户的需求，这也是商品营销中一个可靠的技巧。

四、产品介绍：将产品内容告诉客户

销售过程中，如何介绍产品，引起顾客对产品的兴趣，是实现销售目的的关键。如果顾客对你销售的产品没有兴趣，也就无法将产品销售出去。

诱导顾客对产品的兴趣，需要遵循一个循序渐进的原则。顾客的兴趣是慢慢培养起来的，诱导顾客的兴趣也要一步一步地来，不能太着急。

当然，要想诱导顾客的兴趣，首先要展示你所销售的产品，尽力使顾客对产品产生兴趣。那么，在向顾客介绍产品的过程中，销售人员该注意哪些问题和技巧呢？

1. 进行产品解说的秘诀

在销售过程中，当销售人员面对陌生的顾客时，进行产品解说是必不可少的一个环节，也是关键的一步。但是，产品解说也得讲究技巧，掌握了这些秘诀，产品销售起来肯定会更顺利，因为"好的开始是成功的一半"。

要做好产品解说，必须把握下面这两条秘诀：

（1）强调产品的性价比。有些销售人员总是大力强调价格，说明自己的产品是如何便宜，却从不注重强调产品自身的价值。作为销售人员，必须强调产品的安全性、优质性、合法性以及售后服务满意保证。

通常，销售产品多由独特材料与配方制造而成，或属于新发明，或有专利权，市场上买不到。而越是市场上买不到的产品，越是受欢迎。一旦这种产品多了，销售起来就不那么容易。而且，有些顾客会认为价格过高！现在销售行业发展得很快，销售的产品也越来越多，市场上其他同类型的产品也很多。人们的生活水平越来越高，价格已经不再是顾客考虑的唯一因素，品质才是更重要的。

（2）多做产品使用示范。在销售过程中，多做示范非常重要。俗话说得好，"百闻不如一见"。销售人员向顾客推荐的产品，不仅要让对方听到，还要看到，甚至要摸到，必要时要当场示范。销售人员应边做示范边问对方感觉如何，做到"心到、手到、眼到"。

不怕不识货，就怕货比货，拿自己的产品与其他公司的产品做比较，可以让顾客感觉到产品实实在在的品质，从而更容易接受产品。

2. 介绍产品的方法

销售人员在销售产品时，不仅要能说会道，还要展现出销售人员的诚意、产品本身的效用。顾客预购一件产品时首先关注的都是产品有何用处和效果怎么样，因此针对介绍这些方面的信息时，销售人员可以使用以下几种方法：

（1）直接讲解法。销售人员直接明了地向顾客介绍产品，会让顾客觉得销售人员的工作很有效率，还懂得替顾客着想，节省顾客的时间和精力，自然也就容易接受。

（2）间接说明法。又叫举例说明法，即可以举些使用产品的实例，说明它体现了哪些效用、优点及特点。以间接的事例而不是直接陈述的方式向顾客讲解，可以使顾客感到轻松和容易接受，所以间接的办法得到了广泛的应用。虽然是间接介绍产品的效用、优点及特点，但销售人员应该记住，介绍时始终不能脱离销售这个主题；举例不能乱说一通，要实事求是。和直接介绍相比，间接介绍产品会花费更多的时间和精力，但可能更容易被顾客接受。所以，间接介绍产品也不失为一种好方法。

（3）借助名人法。运用这种方法时一定要注意采用的是真人真事，否则后果不堪设想。利用有名望的人来说明产品，事实上就是利用一种"光环效应"。当人们觉得某个人有威望时，就会相信他所做的决定、所买的产品。但是，如果销售人员在运用这个办法时不尊重事实，胡编乱造，不仅起不到宣传作用，还可能会让顾客觉得你是在欺骗他，从此不再信任你。

（4）激将法。俗话说："挑剔是买主。"销售人员越帮顾客挑剔，他就越是理智地考虑购买。正所谓"请将不如激将"，有些顾客在心里接受了销售人员的产品，但在口头上还在挑三拣四。也许他只是想通过挑剔的语言来让销售人员感到心虚，从而在价格上给自己一些更大的优惠。销售人员不要怕顾客的挑剔，遇到这种情况时，可以采用激将法。例如对顾客说："如果您觉得不能接受，那您就再考虑一下，我们改天再谈吧！"这样，顾客可能被激将，从而促使自己立即购买。

（5）实际示范法。像摆地摊卖玻璃刀的人那样，一刀一刀地切割玻璃，顾客就能一目了然看到它好用，自然会愿意购买。运用这个方法等于直接向顾客介绍了产品的效用、优点及特性。有时销售人员还可以请顾客表演，因为顾客更相信顾客。同时，顾客亲自使用了产品，会更相信产品的好处。

（6）展示解说法。将产品展示在顾客面前，边展示边解说。生动的描述与说明加上产品本身的魅力，更容易使顾客产生购买欲望。因此，在展示产品时，要特别注意展示的步骤与艺术效果，注意展示的气氛。

（7）文图展示法。当有些产品不便于直接演示时，最好使用这种方法。这种方法既方便又生动形象，能够给人以真实感。当然，不但要注意展示的真实性、艺术性，还要尽量使展示图文并茂，销售效果会更好。很多时候，销售人员可以利用一些文字与图片的色彩和画面来吸引顾客的目光。只要销售人员展示得好，就会让顾客感到满意。

（8）资料证明法。一般产品的销售往往用这种方法，因为证明材料最容易令顾客信服，比如某产品获××奖、经过××部门认证等资料，最具说服力。在洽谈、演示中，如果能不知不觉地使顾客了解证明资料，效果会更好。

3. 介绍产品时应注意的问题

向顾客介绍产品时，是有一定技巧的。只有充分掌握了这些技巧，销售人员才能更好地利用展示产品所带来的好处。

（1）找一个好的展示角度。人们总是从一定的角度去观察事物的，角度的不同会使人获得不同的感觉和感受，从而形成不同的印象和看法。所以，销售人员展示产品的角度应该有助于顾客了解产品，使顾客感到新奇，形成良好的第一印象。

销售人员一旦为所销售的产品找到了合适的角度，并将产品以合适的角度展示给顾客，一定会收到好的效果。相反，如果销售人员在展示产品时的角度选择不合理，让顾客看不清楚，体会不到产品的好处，就肯定不会取得效果，还会让顾客觉得没有兴趣，浪费了自己的时间，从而引起顾客的不满。

（2）找一个好的展示时机。为了引起顾客的注意，产品展示必须选择恰当的时机。销售人员一旦寻找到了恰当时机，展示的产品就可能吸引到更多的顾客。只有引起顾客的注意，才能更好地售出产品。

（3）有一个欣赏产品的态度。销售人员向顾客展示产品时，必须表现出十分欣赏自己产品的态度，这样你的展示活动才能收到理想的效果。同时要充分利用顾客的嗅觉、听觉、视觉和触觉。如果销售人员一点也不欣赏自己的产品，在展示产品时必然会显露出来。如果顾客觉得销售人员都不欣赏自己的产品，这产品肯定不会好。

（4）展示产品时诱导顾客的兴趣。在销售过程中，销售人员最好制造出戏剧性的效果。实际上，制造戏剧效果是与展示商品同时进行的，这样的效果可以使你所销售的产品成为生动故事的主角以增加顾客对产品的信赖，加深顾客对产品的印象，顾客的兴趣自然也会随之倍增。受到大学生欢迎的教授，不一定是因为他讲课的内容有何超人之处，很可能是因为他讲课的方式和技巧使他的课既深入浅出而又能让学生理解。同样，销售人员也要在对商品充分认识的基础上，以独到的方式把它讲出来，使顾客一听就懂。

五、找出问题:多方沟通,了解客户的痛点

有了问题,客户才会产生痛苦;痛苦足够大,才会产生购买需求;有了购买,才会产生销售。要想找到客户的痛点问题,就要多沟通。

问:客户为什么要买东西?答案是:因为客户有需求。

再问:客户为什么有需求?答案是:因为客户有问题(要解决)。

再问:有问题就会有需求吗?答案是:未必!长得不漂亮(这是问题),难道就一定要去整容(这是需求)?

再问:到底如何才能让客户购买呢?答案是:当不变的痛苦超过改变的痛苦的时候,购买就会产生。

1. 痛苦使客户产生购买欲望

大师级的销售人员都明白一个道理,问题是推动项目前进的动力。发现问题和解决问题是销售人员最基本的工作内容,但是大部分的销售人员却分不清楚问题和痛苦的区别是什么。

"问题"就是客户的业务或生活中不能解决的东西,也就是我们常说的困难。比如,汽车刹车片坏了,只能开不能停,这就是问题。

"痛苦"就是由这个问题而产生的影响:刹车片坏了,驾驶员的生命会处于危险之中,怕不怕?怕!这就是痛苦了。痛苦一定是由问题产生的,但有问题未必就有痛苦。

不同的人对问题的看法不一样,感受也不一样。同样的问题,有的人会觉得无所谓,而有的人会觉得痛不欲生。销售人员只能把东西卖给有痛苦的人,而不是卖给有问题的人。

和痛苦比起来,问题反而显得不那么重要了。有些问题看起来很大,但造成的痛苦却很小;有些问题看起来很小,却会带来恶劣影响,而这种影响才是客户产生购买的真正动因。每个人、每个机构都有问题,但是有问题不一定就要去解决,只有不变的痛苦超过掏钱的痛苦时,购买才会产生。所以,有了问题才会产生痛苦、痛苦足够大才会产生需求、有了需求才会产生购买、有了购买才会产生销售。

作为销售人员,只发现问题是远远不够的,还要利用问题创造痛苦,学会扩大和弥漫痛苦。给别人造成的痛苦越大,越会快速成交、高价格成交。

2. 怎样寻找痛苦

前段时间,和几个留学生朋友一起吃饭,他们都是做咨询的,对销售涉及不多。

其间谈起顾问式销售和咨询的关系,一位朋友突然说:"在欧洲,对销售的认知就是关注客户的客户。"

客户的客户、客户的供应商,类似的话我听过无数遍,但从来没有往心里去过,甚至把它看成了一句勉励销售人员的广告语。可不知为什么,当时听到那句话却突然有了全新的感觉。

销售中最重要的事情之一就是找准客户的痛点,但是找准又谈何容易。刚入门的销售人员最喜欢拿产品能解决的问题当作客户必然存在的问题。手里拿把锤子看谁都像钉子,锤来锤去,就把自己给锤死了。而老销售人员则喜欢把行业普遍的问题看成客户必然存在的问题,见到客户就拿出这些问题忽悠,虽然蒙准的概率不算小,但是蒙错的概率更大,一旦蒙错,很可能会失去客户的信任。

顾问式销售一般会做一次或几次详细的客户需求调研,很正式的。花几天时间,拜访几个客户组织里的关键角色,虽然是一种好方法,但由于国人具有"谨慎与谦虚"的美德,调研中往往都不爱说实话,销售人员很难抓住核心的问题。

如果换个角度想问题,关注客户的客户,也许真的能够做到事半功倍。想象一下,客户最关注的问题是什么?很大的可能就是客户的抱怨、不满和要求。

每个人都有一个或者多个客户,比如秘书的客户是领导,领导的客户是员工,研发人员的客户是服务人员,服务人员的客户是销售人员,销售人员的客户当然还是客户了。具体到企业流程和岗位,往往下一个节点就是上一个节点的客户,而上一个节点的情况(尤其是问题和不足)在下一个节点那里,可能是最清楚的。

3. 尽力扩大客户的痛苦感

问题和痛苦的传递路径往往不一样:

(1)问题是从下向上传,大部分问题会首先出现或反映在执行层。这提醒我们，当你看到客户问题的时候，不要急着从口袋里掏方案。解决了"底"的问题，只能拿到"低"的价格，底层的兄弟掏不起大价钱。

（2）痛苦是从上向下传。问题到一定程度，会造成痛苦，只有高层有痛苦，大家才能痛苦，老板如果不发飙，其他人都会相安无事。所以，痛苦一定是从上向下传递的。认识到这个规律，做销售的时候就会直接找到痛苦的根源，其他的东西都可以不理了。

（3）只是知道还不够，关键问题是如何传递和扩大痛苦。方式有两种：一是让相关角色没有意识到的痛苦尽快意识到，越多越好；二是让痛苦在组织内部蔓延，不要让它停到某一个阶段，尤其不要停留在底层。

（4）只有痛苦在组织里得到蔓延，销售的希望才会大增。老板痛苦了，二老板、三老板一定会痛苦；几个老大都痛苦了，中层也会感到痛苦；中层痛苦了，作为公司的劳苦大众当然也要痛苦——痛苦才会努力，努力才会解决问题；解决了问题，中层才能幸福；中层幸福了，高层才能快乐。

销售的本职工作就是：从底层发现问题，从高层发现痛苦，然后解决问题，消除痛苦传递，价值创造，最后签单。

4. 建立痛苦链

建立痛苦链不是件容易的事情，需要两个基本的前提：一是了解客户所在行业，知道可能有什么"问题"；二是认真调研角色的痛苦，建立链接。基本做法如下：

（1）确定一个职务头衔，作为机会的切入点。比如，找到一个采购经理，从他开始进行痛苦链的建立。

（2）列出该职务头衔面临的首要问题，指出他最关心、最紧迫、最想解决的问题，越大越好。

（3）记录下引起问题的原因或解决问题的障碍。这些障碍是你的产品和方案能够解决的，解决不了就别瞎折腾，否则引火烧身。

（4）确保该问题是导致更高层次的另一个问题的原因，比如：采购经理最大的问题是价格压不下来，导致的高层问题就是采购成本日益增加，利润逐渐被侵蚀。

（5）想一想"由这个原因引起的后果是什么"，答案就是，另一个关键人员面临的问题。

（6）想一想"谁应该对这个问题负责"，答案就是，另一个关键人员的职务头衔。

（7）重复第（4）步到第（6）步，把痛苦链引向另一个关键人员，把框架建立起来。

（8）根据问题的因果联系将关键人士链接起来。

完成以上8步，痛苦链也就建成了。

六、解除抗拒：正确应对，解除抗拒

相信大家在生活中应该都有过这样的体验，对于商家推出的营销活动，多数人都会抱有一种反感的心理，比如商家投放的营销广告等。为什么商家进行的营销行为会引起人们的厌恶感呢？因为通过商家的营销行为，人们感觉自己的控制权和选择权被商家不合理地剥夺了，自然而然就会产生厌恶感。

1. 用诚意消除抗拒

只有带着诚意，带着耐心和客户谈论，才能找出解决问题的合适方法。拜访客户的时候，客户或多或少都有抗拒的心理，在消除客户抗拒心理的时候，要达到自己拜访的目的的时候，就要做到以下几点：

（1）和客户强调利益。跟客户沟通的时候，应该先把其中的利益提出来，然后再提出行动的建议。销售人员要全面思考能摆在桌面上的利益是多少，再向客户提出建议。

（2）和客户有分歧的时候要探索原因。跟客户沟通的时候，不免会出现分歧，因为客户天生就有抗拒力，销售人员要减少客户的这种抗拒力。客户提出异议时，销售人员肯定会有反应，只有了解客户提出异议背后的真正原因，才能做出合理反应，消除客户的抗拒和分歧。

（3）后退一步，再把反对意见提出来。要想把不同的意见提出来让客户接受，就要先往后退一步。其实就是交换，以退一步作为交换提出反对意见的条件。这么做更容易让客户接受，因为这是作为交换的条件。

（4）让客户再考虑考虑，认真斟酌一下。客户抗拒是必然的，客户提出反对的意见也是必然的。但是在客户提出反对意见时，销售人员应该以慎重的态度对客户说："请您认真斟酌，认真考虑一下再反对也不迟。"这么做，可以让客户把不愉快、抗拒的情绪降到最低。

（5）在欢快、和谐的氛围中否定客户的意见。在欢快和谐的氛围中，即使说话过分一点，也无关紧要。因为只要客户开心，他就不会在意一点小事情。

（6）重复客户的话，让客户再一次考虑自己的话。有时候客户说了后一句忘了前一句，也可能比较粗心大意，不够完善，这时如果销售人员能重复一下客户的话，用一种询问的语气来重复，那么客户就会重新思考，对自己所表达的意思进行修正。

2. 不同的抗拒，用不同的方式来应对

销售的过程主要就是解除抗拒的过程，在销售过程中遇到的所有疑问、质疑、推脱、拒绝等问题统称为销售抗拒。客户在购买的过程中都会出现抗拒的情况，那么该如何消除客户的抗拒呢？

（1）沉默型抗拒。在接触过程中发现，这类客户一般都比较冷漠，不太说话，只是冷静地坐在那里。这种情况下，销售人员要想办法让客户多说话，要多问客户一些问题。因为他越沉默，你越不能提起他的购买兴趣和意愿，所

以要让他多说话。

（2）批评型抗拒。有时候，客户会对你的产品和服务、公司甚至你个人提出一些负面批评，会批评产品质量、价钱等。碰到这种批评型抗拒的时候，销售人员需要做的第一件事情就是，不要跟客户产生争执，不要批评他，要跟他站在同一战线上，理解他、尊重他。

（3）问题型抗拒。客户总会提出一些问题来考验销售人员，会问销售人员很多想到的或想不到的问题。所以每当客户提出问题来考验销售人员的时候，等于客户在跟你要求更多的信息。如果客户对产品不提任何问题，表示他对产品有可能根本不感兴趣，不想了解产品的有关内容。

（4）主观型抗拒。客户对你这个人不太满意，你可以感觉到你跟顾客间相处的氛围不太对劲，感觉自己没有亲和力，这时就表示你的亲和力跟客户建立得太差了，你可能谈了太多关于你自己的产品、公司、客户服务以及你所关心的事情，可能把注意力放在客户身上的时间太少了，这时候你应该做的事情是，赶快重新建立你跟客户之间的亲和力，赢取他的好感和信赖，要少说话，多发问、多请教，让客户多谈谈看法。

3. 消除抗拒的语言模式

为了消除客户的抗拒，销售人员可以使用以下几种暗示语言模式：

（1）使用"先跟后带"的语言模式。想要消除客户的抗拒，销售人员要说出你所观察到的能够让对方可以核证的行为，进而把客户带到你所希望他达成的行为上面。举个例子：

客户："这部车的价格不贵，但最快只能跑160千米，太慢了！"

销售人员:"您说得对,这个速度确实不算高,但设计时考虑更多的是经济性,非常省油,我想您也不愿意每个月花很多油钱吧。"

(2)使用引导式的语言模式。一些文字上的选择会使受导者潜意识收到不同暗示和推动的效果。为了消除抗拒,销售人员就要运用引导式的语言文字,引导客户潜意识做出认可销售人员观点的行为。继续举例:

客户:"价格不高,但最快只能跑160千米,太慢!"

销售人员:"对!那么,您更看重车子的速度,还是更看重价格和省油呢?"

客户:"价格和省油吧!"

销售人员:"您买车给家庭做代步工具,这个速度足够,一般家庭用车比较侧重经济实惠,您觉得呢?"

七、成交：提高临门一脚，促进成交

无论营销方法多好，最终还要看销售结果，结果决定成败。如同足球比赛一样，即使教练、阵容和战术等再好，缺少临门一脚的进球功夫，也只能是输掉比赛。

销售就是一场与客户的博弈，也是一场没有硝烟的战争。对于销售人员来说，最痛苦的不是没有客户，而是热情周到地为客户服务了好几轮，大战了好几个回合，最后需要客户做购买决定的时候，却"掉了链子"、跑了单，一番辛苦付诸东流。

在前面的销售过程中即使跟客户沟通得再舒心、再融洽，一旦涉及"钱"，客户都会本能地提高警惕，毕竟谁都不愿意轻易把自己的血汗钱交出去。

其实，在最后"临门一脚"的重要环节，只要使用一些诀窍，完全可以顺利渡过难关。

1. 为什么没有踢好临门一脚

在销售过程中，没有踢好临门一脚的原因基本上有如下几个：

（1）缺少"踢"的意识。在接待客户的过程中，有些销售人员就没想过

要促单。他们认为,自己该说的都说了,该讲的都讲了,如果顾客喜欢,自然会付款买单;如果不想付款,说再多也没有用。这种类型的销售人员占大多数,他们工作被动,不积极,最容易流失客户。如果想改变这种状况,就要打破固有的僵化思维,努力改变,否则只能被淘汰出局。

(2)不好意思"踢"。跟客户沟通的时候,有些销售人员不好意思催促顾客付款,认为这样做有些强迫消费,甚至跟自己的品牌定位不相符,还会引起顾客反感,导致顾客流失。这样的销售人员一般都有一定的促单意识,只不过胆子太小,做事畏首畏尾。如果你就是这类人,一定要多做自我鼓励,努力减轻心理负担,经过几次的尝试后,就能成为一名不错的销售人员了。

(3)不会"踢"。有些销售人员之所以踢不好临门一脚,是因为他们不会踢。他们的成交意识非常强,做事有冲劲也有闯劲,敢说敢做,是大师级销售人员的好苗子。如果你属于这种类型的销售人员,就要主动接受各类培训,多做训练,找到合适的销售方法,不仅要做正确的事,更要正确地做事。

2. 销售临门一脚怎么踢

临门一脚到底如何踢才有成效呢?主要方法如下:

(1)主动推荐,帮助顾客选择。在商品销售过程中,很多顾客自己都不知道自己的实际需求,有些顾客甚至还会犹豫不决,不知道该买什么样的商品。为了缓解这种情况,销售人员就要及时了解顾客的各种必要信息,根据顾客的实际情况推荐两款适合他的产品,最终帮助他选定其中一款。

常用话术如下:

①根据您的实际情况,A 款和 B 款都挺适合您的,您更喜欢哪一款呢?

②根据以往客户的选择，我认为 A 款更适合您。

（2）主动要求顾客交定钱。如果顾客已有喜欢的目标或需求基本确定下来后，销售人员一定要主动要求顾客成交，否则顾客多半都不会主动把钱交到你手中。顾客都会能拖就拖，或者想着去找其他品牌，终究都会夜长梦多，一旦顾客离开了你的店铺，流失自然也就不可避免。

对于这类顾客，可以使用这样几个话术：

①我们先把钱付一下吧，我们马上安排人调试一下车辆。

②您是现金还是刷卡？

③（开好单后）您签个字确认一下。

（3）利用优惠政策促使顾客成交。顾客一般都喜欢占便宜，要想吸引顾客成交，完全可以将目前正在开展的促销活动充分利用起来。

可以使用的话术如下：

①我们的活动还有一天就结束了，如果今天钱不够，先交 100 元定金也行。

②我们这次活动的优惠力度是今年最大的，现在购买能为您节省不少钱，还是马上定下吧。

③这次活动还有三个名额，抓紧开单把名额占住，否则机会马上就没有了。

（4）多问"为什么"打消顾客疑虑，促使顾客付款。有些顾客了解完产品后，为了尽早离开，会说"我先回家和老婆商量商量再过来""我再比较比较""过几天我再来定""你们的产品太贵了"等借口，这时为了了解顾客的真

实想法,打消顾客疑虑促使顾客尽快成交,销售人员就要多问几个"为什么"。

可以使用这样的话术:

①您觉得我们贵,是超出了您的预算,还是和其他品牌相比较?

②您今天定不下来,是对我们的服务不满意,还是对我们的产品不满意?

③您说需要再去比较,主要比较哪些方面呢?

八、跟进：给客户提供最好的售后服务

销售，是一个连续的活动过程，只有起点，没有终点。成交并不是销售活动的结束，而是下次销售活动的开始。在成交之后，为了努力维持和吸引顾客，销售人员要向顾客提供服务。

销售的首要目标是创造更多的顾客而不是销售，因为有顾客，才会有销售，顾客越多，销售业绩就越大。拥有大批忠诚的顾客，是销售人员最重要的财富。

当然，销售人员要想创造出更多的顾客，一个重要途径就是确保老顾客，使他们成为忠实顾客。确保老顾客，会使你的生意有稳固的基础。能否确保老顾客，则取决于销售人员在成交后的行为。销售人员不仅要做成生意，还要与顾客建立关系。

"真正的销售始于售后"，其含义就是，在成交之后，销售人员更要关心顾客，向顾客提供良好的服务，这样既能够保住老顾客，又能吸引新顾客。销售和售后服务让顾客满意，顾客就会再次光临，并会给你推荐新的顾客。因此成交之后，要继续不断地关心顾客，了解他们对产品的满意度，虚心听取他们的意见，以及发现他们对产品和销售过程中存在的问题，积极采取弥补措施，

防止失去顾客。

1. 明确售后服务的重要意义

售后服务的意义主要体现为:

(1) 售后服务是营销的最后过程,也是再营销的开始,是一个长期的过程。营销人员要树立这样一个观念,某产品售出以后,如果所承诺的服务没有完成,这次销售就没有完成。售后服务很好地被完成,才意味着下一次营销的开始,正所谓:"良好的开端等于成功的一半。"

(2) 售后服务过程中能够进一步了解客户和竞争对手更多的信息。售后服务人员更像一个深入客户的考察者,售后人员一定要珍惜这个机会,通过一次服务,了解更多的信息。要知道,你能够唾手可得的信息可能是销售人员急需而无法得到的。

(3) 售后服务能与客户进一步增进感情,为下一步合作打下基础。一个好的售后服务人员,总能给客户留下好印象,能够与不同类型的客户建立良好的关系,甚至和客户成为朋友。

(4) 售后服务能为产品增值。产品销售出去以后,一般都有保修期,保修期过了之后还要收取服务费。如果产品有多家服务商来竞争,客户就不一定选择谁来做。如何保住和得到这一部分增值利润,很大程度上取决于售后服务质量。

(5) 售后服务是一种广告,是赢得信誉的关键环节。经常听人说:"这家产品尽管贵些但服务不错,那家便宜但服务没保障。"市场的规律已经证明,产品的信誉积累很大程度上来源于售后服务。

（6）售后服务的过程也是服务人员积累经验、提高技巧、增长才干的过程。在公司营销人员可能永远都无法看到如此多的高档设备；但在客户那里，不仅能知道你的产品如何，还有机会学到其他产品的使用方法。

2. 掌握售后服务的技巧

要想做好售后服务，就要做好下面几件事：

（1）抓住主要服务对象。做销售的时候，很多营销人员都会说："要搞定某个人。"即拍板的人。做售后服务的时候也一样，即使你的服务被客户方所有人员都认可了，拍板者一个"不"字，就能否定你的一切。所以，在做完服务后，一定要得到拍板者的认可，之后才能离开。

（2）不要轻视客户那里的每个人。客户那里的每个人都很重要，如果只顾及了负责人的感觉，对别人提的要求置之不理，就大错特错了。如果别人提的要求与责任人有冲突时，营销人员要不厌其烦地做出合理的解释，以期得到别人的理解。

（3）抓住主要解决的问题。在做服务之前，要写出服务计划，明确你主要解决的问题是什么，因为你不可能一直待在客户那里，时间会对你造成约束。在有限的时间里，一定要先把主要的问题解决掉，以免犯本末倒置的错误。比如：你要到客户那里调试一台交换机，而客户的个人 PC 出了点问题想请你帮助解决。这时候，千万不能受到这种影响，否则不仅可能在帮忙解决 PC 问题上花费很多时间，还可能引起其他人的不满。

（4）不要讲太绝对的话。世上没有绝对的事情，不要轻易说"绝对没问题"或"绝对应该这样做"；如果必须要说，可以说"一般是没有问题的""可

以做""有问题,我们会及时给您提供服务""正常来讲应该是这样的"等。

(5)举止、谈吐、衣着、大方得体。在客户面前,营销人员的一言一行都代表着公司的形象,千万不能太随便,否则你的一句话、一个动作都可能会丢掉一个客户。销售服务人员要养成良好的职业习惯,不要毛手毛脚,不要不修边幅,不要跟顾客做无谓的争吵。

(6)让客户感觉到你有强大的技术后盾做支撑。一个人的技术水平无论多高都是有限的,一旦在服务的过程中出现难题,解决不了,就要主动打电话向公司其他人求救。即使明知道其他人也解决不了,也要让客户觉得还有人支持你,这样如果客户对你不认可,也不会对公司的信誉造成太大的影响。

(7)打有准备之仗,做好最坏打算。做售后服务不要抱侥幸心理,也许一根网线、一本说明书就要让你来回奔波几千里。一定要检查新的设备、所带的工具,没有把握的技术一定要先在服务之前做试验。

(8)不要与客户大谈竞争对手的不是。贬低别人是为了抬高自己,但往往事与愿违,贬低别人是因为你害怕别人,不妨大度一点,给别人一点肯定,更有助于给自己树立好的形象。

(9)公司内部矛盾和问题不要反映到客户那里去。在公司内部,两个技术人员有个人矛盾,刚好被派在一起为客户提供售后服务。到了客户那里,两人不互相配合,而是互相较劲,谁也不听谁的;甚至还将公司的问题带到客户那里,比如出差补贴少、公司经营问题、公司决策层矛盾、老板的缺点等。这些问题都会影响客户对公司的印象,因此这样的行为一定不可取。

3. 做好售后服务其他注意事项

（1）把握时间，不拖延。为了提高售后服务效率，一定要把握好时间，比如：快下班了，还差一点没做完，客户又不愿意加班，不得不等一个漫长的夜晚，第二天再奔波一趟。尤其到了周末，更是麻烦了。因此，为客户做服务，一定要控制好时间。

（2）干脆利索，去繁就简。任何人都不喜欢啰里啰唆的人，做售后服务也一样。如果营销人员总有提不完的条件，甚至吹毛求疵，或者丢三落四，犹犹豫豫，不但会影响效率，还会给客户留下很坏的印象。因此，做售后服务，就要干脆利落，去繁就简。

（3）少说多做，巧妙回避。在做服务的过程中如果滔滔不绝，工作的时间就减少了，还会让客户觉得你不踏实。如果遇到敏感问题（如价格），更要想办法回避，可以把这个问题推给其他人，一定要管住自己的嘴巴，尤其在客户请你吃饭的时候。

（4）做到写到，学会总结。要养成写工作日记的习惯，且要记一些细节，这会为以后的服务带来很多方便。同时，要学会总结，以便不断提高。

（5）全面测试，不留隐患。举个例子：你刚买完票上车，客户的电话就打来了，即使是个小问题，你也不得不再跑回去一趟。因此，服务做完后，一定要全面测试，不要留下模棱两可的事情。偶然故障的出现都有必然的原因，不要心存侥幸，任何问题都要找出其产生的原因，否则就应视为问题没有解决。

本章小结

　　使销售说法精进的第一步是：事先靠自己编出一套"说法大要"，且有数年销售经验的销售人员，能够在不知不觉中把洽谈中的一部分加以标准化。也就是说，跟不同的顾客洽谈的时候，背熟其中的一部分，习惯地使用它。

　　新上门的顾客，销售人员往往对他一无所知，更无法知道顾客的需求。因此，先了解顾客的需求是销售人员的首要任务，因为只有了解了才能去满足。

　　当销售人员和客户建立起相互信赖的关系时，才可能出现继续合作的机会，销售人员才可能获得大批忠诚客户。

　　诱导顾客对产品的兴趣，需要遵循一个循序渐进的原则。顾客的兴趣是慢慢培养起来的，诱导顾客的兴趣也要一步一步地来，不能性急。

　　不同的人对问题的看法不一样，感受也不一样。同样的问题，有的人会觉得无所谓，有的人会觉得痛不欲生。销售人员只能把东西卖给有痛苦的人，而不是卖给有问题的人。

　　为什么商家进行的营销行为会引起人们的厌恶感呢？因为通过商家的营销行为，人们感觉自己的控制权和选择权被商家不合理地剥夺了，自然而然就会产生厌恶感。

　　在前面的销售过程中即使跟客户沟通得再舒心、融洽，一旦涉及"钱"，客户都会本能地提高警惕，毕竟谁都不愿意轻易把自己的血汗钱交出去。

　　销售的首要目标是创造更多的顾客而不是销售。因为有顾客，才会有销售，顾客越多，销售业绩就越大。拥有大批忠诚的顾客，是销售人员最重要的财富。

第三章 坚守成交的三大核心

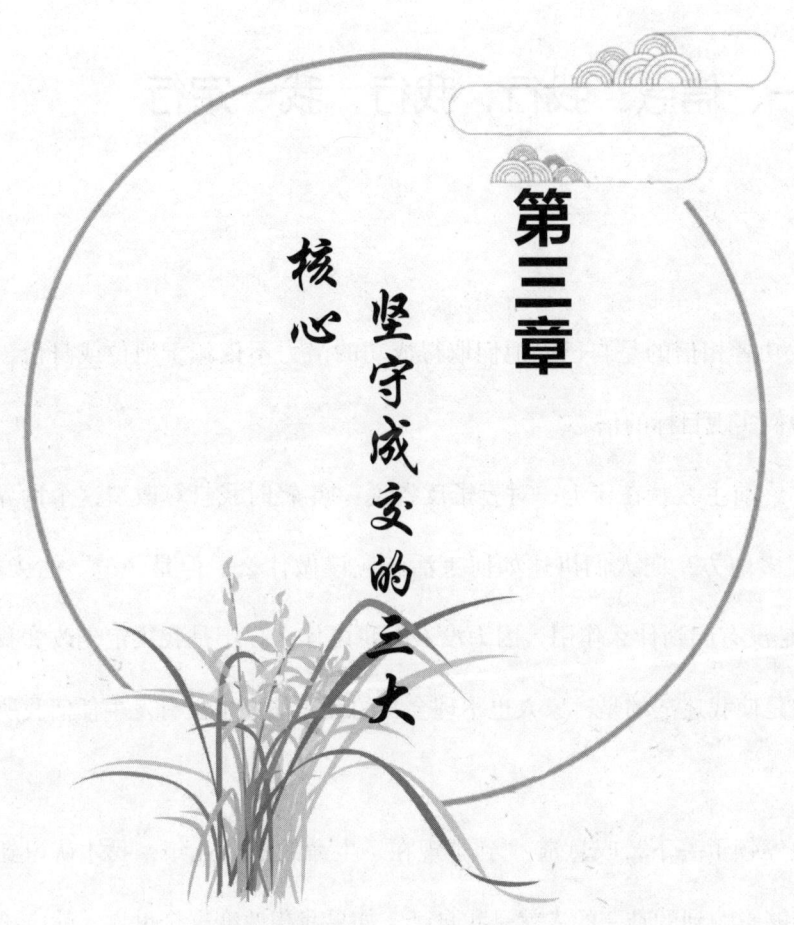

一、信念：我行，我行，我一定行

成功者相信的是自己，他们取得成功的潜力不依赖于地位或身份，而依赖于他们实现目标的信心。

临终前主教躺在床上，对妻子反省说："年轻时我打算改造这个世界，我到过很多地方，向人们讲述如何生活和应该做什么，但是……"他接着说，"看来是没有起到什么作用，因为没人听我说什么。于是我决定先改变我的家人，但是使我迷茫的是，家人也不理会我的话，他们也没有发生任何我所希求的变化。"

他停顿了一下，叹息道："到了现在，生命的最后几年，我才认识到，我真正能够影响到的唯一的人就是我自己。如果我想改变这个世界，就应该从改变自我开始。"

无论你的志向是什么，通向成功的道路只能是你自己前行的道路。

在前进的道路上会有队友、家人或同事，但从最终的意义上说，这是一次孤独的旅行，任何人都不会替你前行。同样，如果你想成为销售界的赢家，就需要依靠自己的努力，实现自己的目标。这是你自己的职责。

布鲁金斯学会创建于 1927 年，以培养世界上最杰出的销售人员闻名于世。它有一个传统，在每期学员毕业时，都会设计一道最能体现销售人员实力的实习题，让学生去完成。美国总统克林顿当政期间，学会出了这样一道题目：请把一条三角裤销售给现任总统。8 年间，有无数学员为此绞尽脑汁，最后都无功而返。

克林顿卸任后，布鲁金斯学会把题目改成：请把一把斧子销售给小布什总统。鉴于前 8 年的失败与教训，许多学员都知难而退。个别学员甚至认为这道毕业实习题会和克林顿当政时的习题一样毫无结果，因为现在的总统什么都不缺，即使缺什么，也用不着亲自购买。再退一步说，即使亲自购买，也不一定正赶上你去销售的时候。然而，乔治·赫伯特没花多少时间就做到了，那一天就是 2001 年 5 月 20 日。

乔治·赫伯特是如何做到的呢？原来，小布什总统在得克萨斯州有一座农场，那里种着许多树，乔治·赫伯特给他写了一封信，说："有一次我有幸参观了您的农场，发现那里长着许多矢菊树，有些已经死掉，木质已变得松软。我想，您一定需要一把小斧头，但是从您现在的体质来看，这种小斧头显然太轻，您需要的是一把不甚锋利的老斧头。现在我这儿正好有一把这样的斧头，是我祖父留给我的，很适合砍伐枯树。倘若您有兴趣，请按这封信所留的信箱，给予回复……"最后，小布什总统就给他汇来了 15 美元。生意做成。

布鲁金斯学会知道这一消息后，奖励给他一个刻有"最伟大的销售人员"的金靴子。布鲁金斯学会在表彰他的时候说："金靴子奖已设置了 26 年。26 年间，布鲁金斯学会培养了数以万计的销售人员，造就了数以百计的百万富翁，

这只金靴子之所以没有授予他们，是因为我们一直想寻找这么一个人——这个人从不因有人说某一目标不能实现而放弃，从不因某件事情难以办到而失去自信。"

不是因为有些事情难以做到，我们才失去自信；而是因为失去了自信，有些事情才显得难以做到。要想成为大师级的销售人员，首先就要相信自己，相信自己一定能获得成功，之后再去付诸实际行动。

在日常销售中，大师级的销售人员往往把自信摆在第一位，因为他们心里明白，唯有自信才能淡定地面对顾客，从而征服顾客。只有对自己的产品自信，才能将这份自信传达给顾客，如果对自己销售的产品都没有信心，顾客就更不用说了。

与其说顾客是因为你的说话技巧、逻辑水平高而被说服，倒不如说顾客是被你深刻的信心所说服的。在顾客看来，销售人员的自信比产品还重要，拥有自信是每个销售人员都必备的基本素质。自信能让销售人员看起来更阳光，通过这种正能量带动，顾客也会感到非常满意。

自信的销售人员能随时保持一种积极向上的心态，即使是营销失败，脸上也会带着笑容，同时还能从失败的销售过程中总结失败的原因，为下次赢得顾客的赏识创造机会。所以，销售人员平时一定要将自己打造成一个非常自信的、有活力的、能用自信感染别人的人。那么，销售人员该如何建立自信呢？

（1）灿烂的笑容、干净的着装、良好的行为举止、大方的谈吐，只要将这些做到位，所有人都能对你产生好感。用心回答顾客的每一个问题，就能给顾客留下更好的印象。

（2）遇到不讲理的顾客，销售人员应该学得大度一些，顾客可以无理，销售人员却不能无理。当顾客对销售人员冷言冷语时，销售人员更要沉着应对，学着让自己的心平复下来，采取其他办法让顾客重新接受。如果因为顾客的一句不满意就开始摆脸色，顾客也就不会对你所销售的产品感兴趣了。

（3）对自信的把握，不能显得骄傲，更不能显得怯懦。自信的销售人员会将销售过程当作一种享受，而不是低三下四地央求顾客购买。只有自信地开展销售过程，才能使顾客更加满意。

二、爱心：用"爱"感化消费者

服务虽然是在成交结束之后，但它却关系着下次成交和转介绍的成功，那么，怎样才能让售后服务做得让消费者满意呢？答案就是用"爱"感化他们。

小周大学毕业后，在一家广告公司做销售，有一次他拜访一个大客户，销售自己的方案。小周找到客户公司的主管杜先生，杜先生还没有等他说完，就满不在乎地说不感兴趣，推托说自己很忙。面对如此尴尬的情况，小周只好约下一次见面的时间，临走时向杜先生要了他的电话号码，说以后有什么优惠会第一时间联系。

客户的冷漠，令小周备受打击，下班之后他和朋友一起去吃夜宵，聊起了拜访客户的情况，朋友安慰说："做业务就是这样，要受得了打击，玻璃心的人在销售行业是不可能长久地干下去的。而且一般能够一次就拒绝你的人，在公司一般都是有决策权力的人，跟你说话一本正经客客气气的人，基本都是普通员工。决策者上来就拒绝你，一般都是本能反应，因为他遇到的上门销售员太多了，肯定有防范心理，然而一旦能听下去，你的机会就会很大。所以，要多找机会跟他接近，联系多了，感情也就出来了。"

小周按照朋友所说的，在接下来的两个月内，只要公司有活动，都会主动联系杜先生，慢慢地杜先生也开始接受小周，后来竟然开始主动联系小周，没过多久就达成了合作。

人心都是肉长的，对别人关心，别人不可能不感动，牢记这一点，拿下客户也就没那么难了。

1. 给客户更多的人文关怀，关注细节服务

人是最冷酷的动物，但也是最容易被感动的。如果没有实现成交，就要问问自己，你是否真正地把你的客户当成一个与你有很深厚感情的朋友，你是否以朋友的方式来关怀客户？

细节的关怀可以感动客户。某个炎热的夏天，走在大街上，看到一家店打出这样一句话："逛累了吗？到本店歇会儿，空调为您开放！免费凉茶供应！"你会做何感想？

在海底捞，只要一进店，食客就能感受到他们对细节的关注。如果食客戴着眼镜，服务员会送一个镜布，并帮他把眼镜收好；如果食客将手机放桌面上，那就会给他一个塑料袋装好防水；食客走出洗手间，还会有人递上一张手纸给他擦手。

人是享受型的感性动物，只要抓住一个细节进行深度服务关怀，并且放大，客户都会为之感动并主动传播。

2. 得到社会认同，从情感上关怀顾客

每个人都不会拒绝赞美、笑脸、尊重和关怀。在每一次销售中，客户不仅在购买你的产品，还在购买一次愉快的购物经历。愉快的购物经历包括客户

获得商家的认同与赞美、客户获得商家的关怀、客户获得商家细致的服务，以及客户感受到商家对他的情感与认可。

每个人都期待获得社会认同与赞美，这是人性的心理需求。因此，销售人员可以选择时机，适当地赞美客户，比如："您对我们这些产品都非常了解，都是行家了，而且有独特的见解。"

适时地体现对客户的尊重，比如客户在坐下时，帮客户擦一下椅子。

及时地提供细心体贴的关怀，比如："天气冷了，您出门记得多穿一些衣服哦。"

3. 贴心帮助客户、做好细节服务

客户对产品的技术与性能可能不如销售人员熟悉，但是对使用产品过程中的感受却比销售人员要深刻。

购买产品的时候，客户刚开始一般都不知道会有小麻烦，在使用的过程中一旦出现小麻烦，就会让人苦恼。这时最需要的就是销售人员贴心的帮助。

帮客户解决一个看似微不足道的问题，客户的内心感动反应却会非常大。

4. 创造舒适的环境，让顾客心灵放松

去买东西，消费者一般都不太看重店面环境。但是，良好的店面环境却能让消费者对产品产生信赖感。专卖店装修得很豪华，播放着舒适的音乐，甜美的服务人员，一切看上去都那么美好！

当然，客户对环境的心理需求也是多方位的。举个例子，你陪一个朋友去一家店购物，她开始挑东西，你看到店里放着一张舒适的沙发，自然地就愿意坐下来。再比如几个人一起去餐馆吃饭，等待的时候，服务员先送上一份好

看的杂志或报纸，人们的关注焦点就会从焦急等待转移到杂志、报纸上了，这样让人们更愿意在店里停留，购买也就成了顺理成章的事。

5. 售后多关怀，永不离弃

人们总是喜欢被惦记的感觉，打电话给朋友，那边冷不丁地来一句："你是谁啊？"你心里是不是很不爽？520到了，突然给VIP客户寄去一个小礼物，并告诉他："我爱你。"客户会不会有种惊喜的感觉？售后关怀包括售后的回访、生日问候、节日关怀、意外惊喜等。

送点小礼，打个电话，咨询使用情况，关怀使用中碰到的问题，都能让客户感受到被重视的感觉，因此记住你的公司与你的产品。

三、信任：客户信任你，才会信任你的产品

销售重要的是赢得顾客信赖建立信誉，可是不管采用何种方法达此目的，都需要从一些微不足道的小事做起。

莎士比亚说："最伟大的爱情用不着说一个'爱'字。爱得你死我活的热恋者，一定会以悲剧收场。"套用莎翁的话，最伟大的销售人员也用不着说："我是非常守信用的"，销售人员的一举一动、一言一行更能表明自己是否值得信赖。有时，即使是一件极不起眼的小事，也可能使你信誉倍增。不守信誉，只能在不知不觉中失去客户的信任，失去本该获得的机会。

李登经营着一个小厂，刚建厂时，他对生意场上的事知之甚少。一次，一个厂家上门联系业务，向李登销售他们生产的一种金属标件。

在谈判过程中，销售人员发现李登对该标件的情况，如材料、型号、规格、价格、生产工艺等一窍不通。于是，他就在原价格上多报了一倍，使整个标件的售价比市场零售价还高。

慎重起见，李登当时并未拍板。后来与工程人员沟通时，他发现了这一骗局，对这位销售人员的印象坏到了极点，无论对方后来在价钱上如何优惠，李登都不愿意与他合作。

取得客户信任是销售过程中很重要的一个环节，获得客户信任就意味着你有很高的成功率，有更多的自主空间，客户不会为了压价而步步紧逼、不会要你提供一大堆烦琐的证明材料、不会纠结一些很细微的细节等。客户是否信任你直接决定了合作的成败。但在复杂的商业社会里，想要获得一个人的信任是很难的，想要获得在某些层面有利益冲突的客户的信任则更难。如何才能让客户信任你呢？

1. 让客户感受到你的专业

无论你说得如何天花乱坠，如何会维护客情，归根结底客户还是要解决自己的需求，做不到这一点，其他方面都将一文不值。

此时最需要的是让客户感受到你的专业，首先，用成功的案例说话，最好是把案例展现在朋友圈里，更有说服力。其次，沟通中要多用一些专业术语，也许客户听不懂，但是不明就里就是这么来的。最后，要以最快的速度展示模板和方案。

2. 让客户感受到你良好的服务

如果市场上有多家公司都销售同一个产品，且价格相差不是很大，比的就是服务了，这时候客户绝对会选择服务好的一家。良好的客情维护和服务能打动那些觉得可做可不做的客户，原本犹豫的客户在你"良好的服务和客情维护"的攻势下，最终会选择你。因此，空闲的时候一定要常联系客户，让客户感受到你一直都在；客户的问题要及时解决，给客户足够的保障；承诺的服务一定要做到，能解决的问题不要搪塞。

3. 让客户感受到你的真诚

如果说专业是可以包装出来的，服务是可以一时装出来的，但真诚绝不

是,它是绝对真实的。客户觉得你是个真诚的人,就会放下全部的防备,愿意为你这个人和人品买单。如何让客户感受到你的真诚呢?

首先,不要带有太多的功利性去谈单,要充分为客户考虑,为他争取利益,为他的实际使用考虑。

其次,除了沟通业务,也可以聊点别的,真诚地去关心客户。

最后,适当地赠送一些赠品,和客户成为朋友,之后客户就会给你介绍客户,带来更多的利益。

4. 让客户少些盲目,多些信任

这点如何做呢?可以从4个方面努力:

(1)站在顾客位置想问题。要想让客户多些信任,就要认同对方的建议,站在对方的立场重复对方说的话,找到关键点突破。客户说:"我没听说过你们欧派,人家×牌比你们的品牌名气要大很多。""对啊,营销策略不一样嘛!×牌靠的是打广告吸引客户,我们只要老客户口碑转介绍,我们百分之八十的客户都是转介绍的。"这样一说,客户就更加想去了解你的品牌了,因为好的品质不是靠广告,而是靠转介绍。

(2)巧妙利用销售道具。当客户怀疑你的产品时,要拿出销售道具展示给客户看,通过视觉冲击,让客户信任你。比如:"您看,这是我们的板材,同样是板材,但是不同品质的经过泡水以后,变化是完全不一样的。"这样一来,客户就能直观地看到产品的对比了。

(3)语速同步保持。客户喜欢和自己同频的人说话,如果客户是个说话语速特别慢的老头,遇到一个语速快而且喋喋不休的销售人员时,本能地就会有抵抗心理。一旦有了这样的心理，销售的成交概率就会快速下降，不但不能达成销售，反而会给客户非常差的体验。所以，要尽量去模仿客户的语音和语速，极快地和客户产生共鸣，让客户喜欢你。

（4）让顾客对你有亏欠。要想办法让客户亏欠你的人情，比如给客户做免费的设计服务、给客户提供免费的小礼物、给客户免费的饮料等。一旦客户觉得亏欠你，双方的聊天时间就会拉长，双方的信任感就会增加，从而更好地吸引客户和自己建立情感联系。

本章小结

在日常销售中,大师级的销售人员往往把自信摆在第一位,因为他们心里明白,唯有自信才能淡定地面对顾客,从而征服顾客。只有对自己的产品自信,才能将这份自信传达给顾客,如果对自己销售的产品都没有信心,顾客就更不用说了。

服务虽然是在成交结束之后,但它却关系着下次成交和转介绍的成功,那么,怎样才能让售后服务做得让消费者满意呢?答案就是,用"爱"感化他们。

有时,即使是一件极不起眼的小事,也可能使你信誉倍增。不守信誉,只会让你在不知不觉中失去很多人的信任,失去本该获得的机会。

第四章

成交，做对事情最重要

一、选对的平台：选择有网络销售的平台

初入销售行业，如何选一个好的销售平台是任何销售人员都要面对的问题。

如今，随着传统营销模式向网络营销模式的深度转化，越来越多的销售人员开展了网络营销甚至成为专家达人，但也有不少销售人员连网络营销是什么都还没有弄清楚，甚至很多人以为就是简单地建个网站，搞个搜索排名。其实，传统营销也好，网络营销也罢，都是一个营销系统，并不是单一的某些方面。

互联网不只是一个平台，还是一个可以借力打力的强大武器，数以亿计的活跃用户已经把互联网打造成了一个乱花迷眼的生态丛林，只要找准且用好属于你目标用户的那个互联网产品，也就找到了营销的制胜武器。

互联网虽然庞大纷繁，但也有规律可循。虽然每个细分领域都有大量的网站在竞争，但大部分用户都集中在少数几个产品上，显然，有大量目标客户的网站就是我们要寻找、要借力的平台。

分析顾客的网络行为特征，是寻找互联网平台的基础。通常，相同细分市场内的用户会有相似的网络行为特征，比如上网时间、上网地点、上网方式、所用的互联网产品类型等都会大致相同。目标顾客的互联网选择就是你的选择。

在互联网平台的选择上，要精准，不能跟风，因为不是任何一种产品都适合互联网营销，不是任何一种互联网平台都适合所有产品。因此，选择平台的时候，一定要选择人气最高的，借平台的人气和流量打造自己的目标顾客群。

做网络营销前，销售人员要根据自身实际情况选择好一个网络营销模式，并且应注意以下几个问题：

1. 网络营销手段不能太单一

网络营销策划不是单一的推广方法，是各个营销方案的整合思维，其中可以使用的方法有很多，网站只是其中一个重要的节点，不是只要做个网站，就是做网络营销了。

2. 广告投放不能急于求成

好的品牌效应是一个循序渐进的成长过程，不可能只要花费一段时间就能达到别人几年甚至几十年积累出来的品牌优势。网络信息的沉积和冗余使得我们需要坚持和长期应对，所以对广告投放时间的把握应该是按段划分循序渐进，慢慢地体现出品牌优势。

3. 选择好的营销平台

网络营销策划和现在投放的广告本质上是一样的，都需要一个好的平台去展现。产品和服务的宣传、品牌的塑造、口碑的传播，都离不开一个好的平台。网络营销策划过程中，离开了好的网络平台，效果只能功亏一篑。

4. 线上和线下保持同步

正确的营销环节是网络引导用户,线下拓宽用户需求,这样才能真正把潜在用户转化成实际客户。若在这个问题上处理不好,没有做好衔接,就会出现网络客户和线下客户的双线战场,从而导致增加投入成本。

5. 寻找新的营销手段

网络的发展是超级迅速的,销售人员要不断地发现和学习一些新兴的网络营销思维和手段,及时更新并把合适的应用到产品宣传中,才能在营销过程中获得更好、更快的品牌效果。

二、选好的产品：想要好的成交率，先选好产品

好的产品，一般都有两个特点，刚需和量大。

1. 刚需

什么是刚需？用户想要的都可以称之为需求，如果需求非常强烈甚至非要不可，就可以称之为刚需。目标用户对某些产品需求非常强烈，自然也就容易有不错的销量。

现在市场上的产品形态非常多元化，比如，很多产品其实是服务，是虚拟的。就像阿里巴巴的产品，实际上是无形的。比如，小孩一定需要奶粉，这就是刚需。而无形的产品，特别是虚拟服务，客户则看不见摸不着，很难有具体的认知。相反，有形的商品，如果同时又属于刚需品，销售时肯定会占有一些优势。总的来说，有形的肯定比无形的好，实体的肯定比虚拟的强，商品肯定比服务好，刚需的肯定比非刚需的好。所以选产品一定是选用户有强烈需求痛点的产品，也就是刚需产品。

2. 量大

在经济学中，需求量和需求是两个不同的概念。需求量是消费者在既定

的价格下愿意且能够购买的同种商品的数量；需求则是消费者在各种可能的价格情况下，受经济因素影响，而引起能够购买的某种商品的间接数量。

虽然当今市场上商机无限，但是想要赚钱也并非易事，对于销售人员来说，找到当地市场需求量大的产品进行销售还是比较妥当的。

（1）什么东西的市场需求量大？

①化妆品。爱美之心人皆有之，从近几年人们通过互联网的消费数据来看，女性在网购人群中占了较大的比重；而一直以来，女性朋友在化妆品上都舍得花大钱。可见，化妆品的市场需求量非常大。此外，化妆品也不存在所谓的尺码问题，且化妆品利润比较高，因而长久不衰。

②快餐。近年来，快餐俨然成了餐饮界中最宽的一条赛道，从当初的沙县小吃风靡，到后来的黄焖鸡热潮，再到现在的单品酸菜鱼爆红。快餐行业迅猛发展势头的背后，其实正是顺应了现代人的生活饮食需求。当今人们的生活节奏不断加快，快餐行业的春天远未结束，大有继续蓬勃发展下去的态势。销售人员无论是选择市场上火热的快餐品，还是努力打造新的快餐品种，都有着很大的掘金机会。

③童装。在未来的几年里，童装都会有着较大的市场需求。一方面得益于二孩政策的全面开放，带来了以百万为单位计数的婴幼儿人口红利。而处于成长期的孩子，服装更新速度快，服装市场机会浩瀚。另一方面，人们物质生活水平不断提高，一般家庭消费会首先满足孩子的开支，消费者更愿在孩子身上花钱。两相结合，童装行业无疑成了一个创业风口。

④旅游。据2018年《女性生活蓝皮书》的调查显示，女性在"旅游度假"

中的开支已经与服装上的花费有了并驾齐驱之势。大众旅游时代已经到来，我国的旅游产业市场规模已经朝着6万亿元的大关迈进。对于销售人员而言，可以考虑两种项目的销售：一个是乡村旅游，另一个是民宿。两者近年来的市场扩张速度非常快，也因为它们更符合现今游客体验自然、放飞自我的旅游目的，因而充满商机。

（2）如何知道产品的需求量大小？打开朋友圈，可以看到保险、汽车、保健品、化妆品等，各种商品都有，但究竟什么样的产品才是好产品呢？

①需求量大。如果一个产品本身的需求量很小，销量也会很有限，很难做大。如何去分析一个产品的量大量小呢？很简单，通过百度指数和平常记账来分析。

百度指数是百度提供公开的关键词指数分析工具，把一个关键词如"台灯"放在网址 index.baidu.com 里，点击查询，就能看到每天有多少人在搜索这个关键词。关键词的搜索量越大，需求量越大，关键词的搜索量越小，需求量越小。

平常记账。如果有记账的习惯，通过随手记、鲨鱼记账等工具，就可以看到一个月你消费了多少钱，哪个产品是你购买最多的，如卫生纸、大米、油、面霜等日用品。当然，也可以把维度拉到一年的时间，从一年中你花费最多的钱在哪个产品或品类里，能够很清楚地看到大众需求品，哪一个需求量最大。

②产品好。参加或加盟一个微商产品，很多人都只会考虑两点：价格低，利润高。其实真想做长久，一定要去体验产品，因为只有好产品才能长线做下

去，产品质量或体验不好，货总有一天会走到客户手上，要是客户用了不好，后面自然也就卖不动，苦的还是自己。所以你在选产品时，一定要多方体验产品，一定要是你能用的、用了也觉得好的产品，才能持久卖下去。

③正规品牌。产品是不是正规品牌已经成为必选项，如果你的产品不知名，或是OEM的小牌产品，那就要考虑清楚，这个产品的生命周期有多长。没有考虑清楚，就需要不断换产品，不断换代理，你就很累，用户更累，这样很容易失去用户的信任。站在用户的角度思考下，你今天卖面膜，明天卖零食，后天卖手机，用户会怎么想你？

三、选对目标消费者：知道究竟谁要买产品

目标客户是指需要企业或产品或服务，具有购买能力的客户，是企业或产品和服务的对象。目标客户是营销工作的前端，销售人员只有在消费者群体中确立出某种类型的目标客户时，才能够开展有效、有针对性的营销活动。

那么，在营销之前，销售人员该如何选择和确定目标客户？主要有以下几种方法：

1. 顾客是否真正需要产品

顾客购买产品取决于顾客的需求。顾客是否真正具有对产品的需求以及这种需求的强度有多大，在很大程度上决定着销售困难的大小甚至销售人员的成功概率。因此，在选择和识别目标客户时，销售人员应该检测客户需求，找出产品是否真正适合客户需求。比如，可以这样说："××先生，如果您不介意，我想跟您说一下咱们今天要谈的事项。首先，我会简要介绍一下我们公司的情况，以便让您确信，我们和对外宣称的一样，是业界顶级的专业公司。然后，我会问您几个问题，以更好地了解您的需求，希望能为您找出合适的解决方案。接下来，如果我们的产品和服务能很好地满足您的需求，就按照您的想法尽可能深入地聊聊解决方案。我们的目标是确保您满意我们提供的解决方

案,然后再考虑做出决定。另外,请您放心,我们公司和我个人都不会采取高压策略。我们明白,我们的产品并不是适合所有人。可能适合您,也可能不适合您,我只是希望您不要抱有成见。这些都结束之后,您再告诉我,我们的产品是否适合您。您看可以吗?"

现在有些经验丰富的销售人员都不太敢说上面这段话,更不会主动说自己的产品可能不适合客户。但是,无数例子证明,这些话可以非常有效地减少客户对销售人员的抵触。因为,从本质上讲,这相当于你允许了客户对你说"不"。

在拜访客户之前,销售人员应该确认他们是否真的需要你的产品。必须选择真正需要它的顾客,只有这样,才能有目的地销售产品。相反,如果顾客不需要,那么不管销售人员多么能干,他都不会购买,销售都无法完成。销售人员必须站在客户的立场上,把自己放在一个能够考虑自己需要的位置,如果不是他需要的产品,就不要强迫他购买。

2. 客户是否有能力使用产品

客户是否有能力使用产品,也就是客户是否知道如何正确使用产品。有些产品在使用中需要特殊的技术,销售人员必须考虑目标客户是否有能力使用该产品,如果能,是否能够通过辅助服务来解决。

如果客户无法使用该服务,则无法解决救援服务,销售将难以实现。即使不情愿地把它买了,将来也会有麻烦,甚至会影响应付款项的回收。

3. 客户是否有接近的可能性

选择一个无法接近的目标客户,就是一个失败行为。只有客户有接近的可能性时,销售人员才有机会成功销售。也就是说,销售人员能否接近目标客户是一个值得思考的问题。

例如，年轻的销售人员，一般都很难接近一些大人物。在这种情况下，销售人员就不适合亲自会见那些重要人物，最好让公司的同等人员先销售。简而言之，不能访问的对象，就不视为目标客户。

4. 顾客是否有权决定

销售人员煞费苦心地销售自己的产品，但最后却发现是与"不恰当"的顾客沟通了，不得不以失败告终。如果客户没有决定权，销售将非常困难。只有决策型客户，才能购买产品。因此，当销售人员选择一个目标客户时，应该知道谁负责这个决定。

例如，如果决定权是在总公司运作，即使分支更靠近你，且方便互相沟通，也不要把这个分支作为促销对象，否则只能浪费时间。在这一点上，应该把总部作为目标，并将分支机构作为一个援助机构。在选择目标客户时，必须注意这一点，否则可能会被浪费掉。

5. 客户是否有能力支付

可能每个人都喜欢私人飞机、豪华轿车和别墅，但不是每个人都能负担得起飞机、豪华轿车和别墅。因此，在销售人员准备将产品销售给顾客之前，就需要考虑顾客是否有能力支付。

在跟客户沟通之前，有必要了解他们的支付能力。一方面，顾客的支付能力影响产品销售的难度、决定销售业绩和实现销售的可能性，甚至能阻止你陷入可能的经济欺诈；另一方面，顾客具备支付能力，销售人员在交易结束后就可以成功地收回钱款。许多销售人员在回收资金方面遇到困难，就是因为他们没有注意到这个问题。

四、选对的策略：选错了营销策略，必败

销售策略是指实施销售计划的各种因素，包括产品、价格、广告、渠道、促销及成立条件，是一种为了达成销售目的而使用的各种手段的最适组合。要想取得营销的成功，就要采取合适的策略。

1. 高价促销

消费者在购买商品时就高不就低，常常有一种通过购买高价商品来显示自己的社会地位的心理。一般情况下，商品的价格应该就低不就高。美国亚利桑那州曾发生过一件有趣的事，一家珠宝店采购到一批漂亮绿宝石，由于数量太大，老板担心短时间内卖不出去，影响资金周转，便决定只求微利，以低价出售。老板本以为物美价廉的绿宝石很快就会被抢购一空，结果却事与愿违，销售情况十分不妙。

老板急着到外地去谈生意，临行时下令，若销售仍然没有起色，就以 1/2 的价格卖掉。老板几天后回来，发现绿宝石已被抢购一空，再查价格，不禁喜出望外。原来，店员把老板留下的指令误认为是按 1~2 倍的价格卖掉。他们都没有想到，价格提高后，购买者反而越来越多，本以为会积压的绿宝石却成了抢手货。

2. 激将销售

有些顾客争强好胜，在他犹豫不决时，只要对其稍作刺激，他就会因为"面子"或"炫耀"等心理因素而购买某些高价且并不一定需要的商品。

在美国某门店，一对夫妇对一枚钻戒很感兴趣，但嫌价格太贵，便犹豫不决。销售人员看到这个情形，便对他们说："有位总统夫人也是对这枚戒指爱不释手，只因为贵没买。"这对夫妇听了这话，立刻掏出钱来，买下了这枚昂贵的钻戒，且还得意非常。

俗话说："劝将不如激将。"虽然这枚戒指的价格很贵，但销售人员采用正确的方法，让他们购买了。每个人都有自尊心和荣誉感，当这对夫妻听说某总统夫人也喜欢这枚钻戒，但因为太贵没买时，强烈的自尊、争强心被激发出来，销售也就水到渠成了。

当然，这种销售法适用于经营高档商品的店铺以及提供时髦服务的娱乐行业，适用于以老客户为主的门店。

3. 借力销售

20世纪20年代，洋烟霸占着中国市场，国产烟要打开市场十分困难，南洋烟草公司束手无策。后来，公司经理灵机一动，想起了名人效应，便找到当时在上海滩有"一代笑星""第一笑嘴"之称的滑稽演员杜宝林，请他帮忙宣传"白金龙"香烟。杜宝林接受了邀请，并表示："抵制洋货，提倡国货，是每个中国人义不容辞的责任和义务，一定尽力而为。"

其后不久，杜宝林在一次演出中，巧妙地把话题扯到了吸烟上。他幽默地说："抽香烟实际上是世界上顶坏顶坏的事，为何这样说呢？花了钱买尼古

丁来吸嘛。有人说,'吸烟还不如放屁',是因为屁里还有三分半气,而烟里除了毒,什么也没有。我老婆就因为我吸烟,天天吵着要跟我离婚。所以,我奉劝各位千万不要吸烟!"

听众听了大笑起来,在场的南洋公司经理听了却很失望,他万万没有料到杜宝林会给他做反面宣传,听众们也没有想到。然而杜宝林讲到这里,话锋陡转,说:"不过,话还要讲回来,戒烟是世界上最难最难的事。我从16岁起,天天想戒烟,到现在已经十几年了,不但没戒掉,瘾头反而越来越大。我老婆整天担心,怕我得肺病,进火葬场。我横想竖想,既然烟戒不掉,最好的办法是吸尼古丁最少的香烟。大家晓得,洋烟中的尼古丁特别多,所以千万不要去买。我向各位透露一个秘密,目前市场上的烟,要数'白金龙'尼古丁最少,信不信由你。我自从抽了'白金龙',咳嗽少了,痰也少了,老婆也不担心了,当然也不跟我闹离婚了……"听到这里,南洋公司经理非常高兴。

这一广告宣传使"白金龙"烟身价大增,名声大噪,很快在市场上独领风骚。

4. 装愚示傻

销售人员故意摆出一副"什么都不明白"的愚者姿态,即使对手很强硬,也无法将自己的能力施展出来。在谈判界有一则令人津津乐道的日美商界谈判实例,就生动、形象地说明了这种方法。

一次,日本航空公司选派了三名代表同美国一家公司谈判。在谈判前,日方了解到美国这家公司的谈判代表不仅思维敏捷、能言善辩,还准备了充足的资料。很明显,如果要硬对硬,取胜的把握不大,于是,他们决定使用"装愚示傻"法来和美国人谈判。

早上8点，美日双方正式开始谈判。果然不出日本人所料，美方开局就控制了局面。他们利用屏幕向日本代表详细地介绍了本公司的产品，并信心十足地表示，他们开价合情合理，品质优良超群。这一演示，介绍过程整整持续了两个半小时。

在此期间，三位日本代表一直静静地坐在谈判桌旁，一言不发。美方主谈以为日本人被他们的介绍所吸引，很是高兴，便充满自信地问日方代表说："你们认为我们所谈的如何？"

谁知，一位日方代表礼貌地笑了笑，回答说："我们不明白。"这话不亚于晴空霹雳，美方主谈脸上顿时失去了笑容："你不明白？这是什么意思？你们不明白什么？"

另一位日方代表也面带微笑地回答："所有的一切我们都不明白。"

"所有的一切我们都不明白！"简真就是揣着明白装糊涂。既然不明白，自然也就无法做决定了。如此，也就占据了说话的有利地位，既便美国代表的能力再强，照样也只能是无处施展。

在一般人眼里，优秀的销售人员都是那些口若悬河、反应灵敏、精明干练的强者，其实并不尽然。有时，那些看起来"傻笨愚呆""口舌笨拙""一问三不知"的销售人员，却屡屡在谈判桌上获胜而这就是"装愚示傻"的又一要义。

5. 迂回销售

这是一种比较含蓄的销售方法，看上去不是在销售商品，但实际上仍以

销售商品为目的。

下面让我们来看看美国布兰公司是怎样运用这一策略的。

美国布兰保险公司为了冲破不得其门而入、得其门而难入的障碍，先给顾客寄上各种保险说明书，同时附上一张优待券，优待券上写道："请你把调查表的几栏空白填好，同时撕下优待券寄回给我们，我们便寄上两枚罗马、希腊、中国等世界各国古代的仿制硬币。这是答谢你们的协助，并不是请你加入我们的保险。"

布兰公司寄出了三万多封这样的信。信寄出后，反映非常好，竟接到了两三万封回信。对于这些回信，公司并没有直接寄出硬币，而是让业务带着古色古香的仿制铜制古币，按地址登门拜访。如此，销售人员不仅在登门拜访时显得大方自在多了，对方的脸上也没有了冰冷的表情。顾客高兴地把销售人员请进了门，道谢后，便欢喜地从各国古币中挑选出自己喜爱的硬币。

这样一来销售人员与顾客之间的感情融洽多了。当销售人员再向顾客招揽保险业务时，就格外顺利了。就这样，布兰公司从两三万封信中成功地招揽了6000多单业务。

很明显，布兰公司的成功之处就在于运用了迂回的策略。他们先用古币敲开了顾客的门，然后敲开了顾客的心，让顾客愉悦地从口袋里掏出了钱。

6. 其他方法

（1）异地销售。每一个地方都有不同的消费习惯或消费档次，比如，在低收入人群集中的地方卖高档次商品，超过了顾客的消费能力，滞销的可能性就相当大。反之，结果也大同小异。

（2）网点销售。网点销售法在国外称为"三角销售法"，具体做法是：如果某种商品有三个门店销售，就要求三家呈三角形布局。这既有助于三家店铺形成良性竞争的格局，也能使消费者不漏网，最大限度地发挥市场潜力。

（3）服务销售。这一办法的核心是培育消费者的消费需求，通过举办培训班、讲座、现场咨询、技术辅导等方式让顾客了解商品的使用，解除他们的后顾之忧，促使顾客购买商品。比如，花店举办"插花艺术培训班"、美容美发店举办"美容知识讲座"、化妆品门店为顾客免费做美容护理等，都能够有效地提高商品的销售或增加店铺的营业收入。

（4）示范销售。示范销售法就是，厂家或店铺的工作人员现场示范某种商品的使用方法或演示商品所能达到的效果，吸引顾客的注意力，激发他们的购买欲望。国外有家生产胶水的厂家，在报纸上打出广告说某商场门口贴着一块价值2000美元的金币，谁能揭下就归谁所有。结果第二天商场门口人潮如流，人们纷纷尝试却无人能够如愿。厂家趁机宣传这块金币是用某某牌胶水粘贴的。人们亲眼看见其效果显著，于是纷纷购买。

（5）组合销售。组合销售法就是将类型相近、使用起来具有配合作用的商品组合在一起销售，以图一次卖出多件商品。这种销售方法对顾客也很方便，比如，卖浴具等卫生设备的门店，如果把适合的浴缸、抽水马桶、盥洗用具组合在一起，顾客选购起来就会很方便。

本章小结

初入销售行业,如何选一个好的销售平台是任何销售人员都需要面对的问题。对于一个刚刚入行或即将进入销售行业的人来说,选择哪家公司、卖什么产品都非常重要,很可能决定着未来你的整个销售生涯。

有形的肯定比无形的好,实体的肯定比虚拟的强,商品肯定比服务好,刚需的肯定比非刚需的好。所以选产品一定要选对用户有强烈需求痛点的产品,也就是刚需产品。

虽然当今市场上商机无限,但是想要赚钱也并非易事,对于销售人员来说,找到当地市场需求量大的产品进行销售还是比较妥当。

目标客户是指,需要企业或产品或服务,具有购买能力的客户,是企业或产品和服务的对象。目标客户是营销工作的前端,销售人员只有在消费者群体中确立起某种类型的目标客户时,才能够开展有效、有针对性的营销活动。

销售策略是指实施销售计划的各种因素,包括产品、价格、广告、渠道、促销及成立条件,是一种为了达成销售目的所使用的各种手段的最佳组合。要想取得营销的成功,就要采取合适的策略。

第五章

广告宣传：加大宣传力度，让产品尽人皆知

一、积极召开产品推介会

产品宣传,离不开推介会。

所谓产品推介会,就是产品的推荐和介绍大会。它可以帮助企业、组织和团体宣扬产品的特点、产品和政策,促进交流活动,为合作双方带来利益。

产品推介会上,将产品直接展示出来,不仅便于客户了解和认识,还能扩大产品宣传,提高产品知名度。那么,如何才能成功召开一个产品推介会呢?可以从以下几点做起:

1. 前期准备工作

要想让推介会成功举办,首先要做好准备工作。

(1)在开推介会之前,要准备好各种跟产品有关的物料和人员安排,比如宣传资料、产品功能介绍、推介员等。在微信盛行的时代,还可以准备扫码即得奖的小礼品,以备不时之用。

(2)在推介会召开之前,要积极邀请客户,特别是潜在客户。不但要邀请他们去参观展位,更要让他们去听报告会,以便树立品牌形象、争取信任。

2. 主动与负责人联系

提交表格后,要同主办机构的有关负责人主动联系,告诉他们本公司将邀请哪方面的客户来参加会议，邀请主办机构协助自己进行邀请。同时，还要就推介会形式、内容等各方面同主办机构进行协商，以求有所创新，确保推介会取得良好的效果。

3. 安排好展台内的员工

在展台内的公司员工，一定要对本公司将举办的推介会有最基本的了解，包括时间、地点、发言人、内容。这样，在推介会开始后他们就可以随时向光临展位的参观者宣传，鼓励他们届时参加。在展台参观者过多的时候这种方法尤为有效，既可以缓解招待不周的压力，又不用担心失去可能的客户。

4. 安排人员专门登记

推介会现场一定要有工作人员专门负责参观者登记，且要从始至终。另外，登记时不仅要详细记录与会的客户信息，更要注意参会的业内记者。要及时向记者提供详细资料，以便让你的产品有机会在专业报刊上做免费宣传。最好能够将推介会的全过程用摄像机记录下来，同展台的情况一同制成光盘，在会后馈赠客户，用作长期宣传。

5. 选择适合自己的场地

推介会通常选择在大中城市的会展中心、星级酒店、礼堂、体育馆等场所。为了使企业和推介对象面对面地交流，达到介绍自身产品、服务、理念等目的，要通过现场提问作答的方式增进彼此双方的了解，营造气氛，促成理想的双边考察效果。为了达到特殊的推介效果，还可以选择独具创意或个性突出的场所，比如 LOFT 会所、风景名胜区等地。同时，还可以配合节庆、纪念日等具有特殊意义的时间加深推介效果。企业或销售者可以根据自己的实际情况，选择合适的推介会场地。

二、利用网络进行宣传

通过网络推广,最终希望实现将企业品牌的价值转化为持久的顾客关系,顾客关系不仅包括消费者对产品的青睐,也包括企业跟客户之间的合作关系。这些都是利用网络营销最终想要实现的成效,也是营销团队奋斗的目标。面对着竞争激烈的市场,如何利用网络平台进行品牌营销?

1. 了解自己

要想做好网络宣传,首先就要了解自己,比如:你提供的产品、服务等的理念是什么?它的核心价值与壁垒是什么?企业的愿景、长期发展的使命、道德标准是什么?你的目标市场在哪里?人物画像是什么样的?兴趣点在哪里?

2. 分析竞争对手

对竞争对手的分析和了解主要包括:深度了解潜在竞争对手的网络品牌标识、了解其内容素材来源、活跃在社交网络还是搜索平台;他的目标受众的职业、年龄、兴趣爱好、收入等。

3. 建立品牌特性

网络营销,一个便捷的途径,就是寻找精准的差异化,如此,在进行新品牌推广的时候,才能点燃市场和用户的兴趣。关于品牌的特性,可以尝试用一些特定的关键词对其进行描述，比如：简单便捷，容易记忆，真诚的，值得信赖；打破常规，奇怪的，难以捉摸。

4. 设计品牌标识

网络品牌标识，会在潜移默化中给目标用户留下一定的印象和联想，比如：看到小黑猫，第一印象会想到天猫；看到小狗，则会想到京东。设计品牌标识应该注意要能够准确地表达产品理念，且确保网站等各推广渠道的标识统一。

值得注意的是，关于网络品牌标识的设计，一般都是内部团队主导进行，原因很简单，因为只有内部团队才能清楚地知道客户需要什么，实在没办法，再考虑交给第三方公司设计，遇到问题，要多次沟通，反复修改。

5. 制定网络营销策略

网络营销策略的制定，不仅要参考目标用户的特性，还要参考竞争对手的信息，最终选择合适的营销渠道。在制定网络营销策略的时候，需要确保下面几点：

（1）内容团队能够更好地理解产品与市场，如果有必要，可以尝试让其进入一线销售团队。

（2）精准地统计网络数据，重视线上的综合影响力。

（3）产生情感共鸣，让用户长期保持联系。

网络时代的高速发展，让中国拥有了上亿人的互联网用户，很多销售人员已经开始注重网络推广，但由于缺少专业的网络营销技巧，投放很多资金后，效果都不太明显。实际上，通过网络平台进行品牌推广，想要获得好效果，就要找专业的网络营销队伍，量身打造营销方案，提高企业品牌知名度。

三、将电台合理利用起来

所谓广播电台就是通过无线电波或金属导线，用电波向大众传播信息、提供服务和娱乐的大众传播媒体。在电视没有普及之前，电台广播是最受人们欢迎的媒体形式之一，有很多品牌喜欢在电台投放广告。而电视的兴起，拉走了大批广播广告客户，有人曾担忧地说："广播广告注定要消失。"可是，从多年的发展情况来看，广播广告依然对人们有着巨大的影响力，有着其他媒体无可比拟的独特魅力。

广播能够及时地把信息传送给听众，一方面是信息转换较简便，只要把声音变成电波，播发出去就可以了；另一方面是接收信息较方便，无论在什么地方，只要有一台半导体收音机，就可以接收到广播电台发出的信息。所以，广播几乎不受截稿时间的限制，能够随时播出刚刚发生或正在发生的新闻信息。

只要仔细观察就会发现，收音机时时刻刻就在我们身边响着。早上，老人会怀揣一部袖珍收音机去练太极拳；中午，主妇会开着收音机做饭，厨房里上演着锅碗瓢盆变奏曲；公园里，老人们会拿着收音机，戴着耳塞，在长椅上闭目养神……这种情形，我们随处可见。

借助收音机的电台广播，我们能一边整理手头上的稿子，一边欣赏优美动听的音乐。而且收音机绝不会像报纸、杂志那样，独占我们的时间和注意力。这种干活收听两不误的功能，赋予了它独特的魅力。边干活边听收音机传来的信息，大大拓宽了广告传播的范围。

广播广告有很多种表现形式。

1. 硬广

硬广主要分成两种，一个是形象广告，另一个是促销广告。其实，广播是个感性的媒体，特别适合作为企业形象营造的工具。一个电台如果形象广告多，不仅不会惹人烦，还可以提升收听率。硬广告的合理速度每秒只能说3个字，也就是说一则30秒的广告大概只能说90个字，所以如果要传达的内容很多，不要强硬地塞到一则广告里，可以用系列广告的方式去呈现广告的内容。

硬广是最简单直白的广播表现形式，如果预算足够多，很看重广播在整个媒体宣传中的功能，可以用硬广来搭配其他的广播广告表现形式，就是所谓的软硬结合！

2. 小专题广告

小专题就是时间长度在90秒以上的硬广，比较常见的是3分钟或5分钟。这种广告属于软广告的范畴，采用时要注意不能做得太硬，不然听众会听不下去，甚至会导致听众转台，影响电台的收听率，也就达不到广告效果。小专题的策划要考虑趣味性、知识性、故事性和可听性，有角色进行对口演绎、品牌系列故事叙述等常用手段。

3. 小栏目特约

小栏目待约是有一定内容含量的节目属性，这些节目内容是公众都感兴趣的内容，如何跟产品挂钩就是艺术问题。小栏目特约既有一般性的小栏目特约，比如：气象特约、路况特约、新闻特约等，也可以量身打造跟产品特点相关的小栏目，比如：音乐小栏目、科技新知小栏目、建筑文化小栏目等。

4. 资讯配合

有些广播内容分不清到底是广告还是节目，甚至可以打造如下班去哪儿？SHOPPING LADY、旅游小贴士等这样的小栏目。这种广告形式有点像报纸的分类广告，广告价位低，既不需要广告的创意制作费用，也能适当缓解听众对广告的戒心，这种资讯配合广告的形式产生的效果不错。

5. 新闻配合

按理说新闻是不能广告化的，但是有些广告也确实有新闻价值，可以将这样的广告放在新闻的最后一条播出。这种新闻配合一般都不用单独收费，而是作为给大客户的广告投放回报。

6. 热线参与

热线参与体现了广播互动性强的特点，可以选择这种互动广告模式，通关密语是常用的手法，打进热线的听众必须说出通关密语，这个通关密语可以设计为广告的宣传口号，虽然能打进热线的人不多，但听众如果会有参与热线的心理刺激，就可能会不自觉地记住通关密语。通过通关密语考验的听众，就能参与题目抢答，而这些已经融入了产品卖点的问题，也能很好地达到再次宣传的目的。

7. 口号曝光广告

口号一般在 3~5 秒,是一种短平快的表现方式。口号曝光广告可以分成说版和唱版两种形式,唱版的效果更好。在一个收听率不错的电台长期投放唱版口号曝光广告超过一年,通过旋律的模刻洗脑模式,多数听众都会朗朗上口这句企业的口号。

8. 公益广告

电台有时会被要求做公益广告,其实也可以把公益广告卖给客户:"×××客户提醒你,珍惜水资源。"然后,接一段公益广告。这种公益广告可以卖便宜一点,比如一般广告的 1/5。客户只要花小钱,就能树立不错的公益形象。

9. 参与活动

活动,主要有电台自我推广的活动和为客户量身打造的活动。这些活动一般都会在电台里做很多宣传,现场会有很多的制作物露出广告信息,如此,就可以通过冠名或赞助的方式来进行产品宣传。

10. 产品代言

代言是一种很有意思的广告表现形式,可以邀请声誉好的客户帮电台代言,也可以请名人、明星为电台或客户代言,之后,客户跟企业或品牌的关系就会紧密起来。

11. 美文广告

广告不一定就是硬邦邦的,也可以做得很美。美文广告的创作前提是先隐藏销售动机,用美丽的文字跟优美的配音配乐把听众吸引过来,最后再露出

广告信息，以便在客户没做好心理防备的状态下自然而然地达成广告效果。

12. 栏目冠名

每个城市都有几个电台名牌栏目，企业或品牌完全可以通过栏目冠名的广告模式快速增加企业或者产品的知名度。而且，一般栏目冠名都会搭配一些硬广告的赠送。

四、通过电视节目进行植入

电视广告是一种经由电视传播的广告形式，其将视觉形象和听觉综合在一起，充分运用各种艺术手法，能最直观最形象地传递产品信息，具有丰富的表现力和感染力，是近年增长最快的广告形式之一。"植入式广告"是指将产品及其具有代表性的服务用视听品牌符号融入影视或舞台作品中的一种广告方式，它能够给观众留下相当深刻的印象，达到营销的目的。

"植入式广告"是随着电影、电视、游戏等的发展而兴起的一种广告形式，当在影视剧情、游戏中植入商家的产品或服务，能达到潜移默化的宣传效果。由于受众对广告有天生的抵触心理，把商品融入娱乐方式的做法往往比硬性销售的效果好得多。

"植入式广告"比硬性广告更具有天然的亲和力和隐蔽性，是未来广告发展的趋势。这几年，中国的电视节目市场很大一部分被综艺节目所占据，而观众对其中的植入广告也已经习惯。刚开始的时候可能很多观众都不能接受，但有些电视节目的植入广告却越做越有趣，做出了新意给观众留下了深刻印象。在电视节目中，常见的广告植入形式主要有：

1. 场景植入

所谓场景植入,是指品牌或产品本身作为故事发生的道具或场景组成部分出现在电影中。这是一种比较被动的信息传播方式,镜头一闪而过,只有知名度较高、观众较熟悉的品牌,才能通过这种方式将品牌一次次地"植入"观众头脑。

2017年热播的电视剧《人民的名义》,剧中设计了一个给大风厂下岗职工发放慰问品的环节,把特仑苏、安慕希成堆地摆在那儿,让下岗职工高高兴兴提着回家,场景植入相当成功。

2. 对白植入

对白植入是指在电影中通过人物的对话巧妙地将品牌植入其中。植入的品牌或产品由于有剧情的铺垫,显得很有生活气息,因而不仅不会让观众反感,还能起到突出品牌或产品的效果。

在电影《我愿意》中,孙红雷和李冰冰初次在餐厅约会时反复提到百合网,它作为婚姻中介网站在这里出现,和情节契合,自然巧妙,不显突兀。

3. 情节植入

情节植入是指品牌或产品成为推动整个故事情节的有机组成部分,并贯穿于其中。电影《手机》就是围绕一部摩托罗拉手机展开的。在电影中,观众不仅看到了手机的外观造型,对手机的基本功能也有了详细了解。

4. 形象植入

形象植入是指将品牌的个性含义或产品的独特功能结合到故事的角色中,赋予他们标志性的形象表现;之后,再通过故事情节,不断演绎,强化观众记忆。

电影《功夫》中，包租婆以一个跳水转体的动作撞在"和兴百花油"广告牌上，"和兴百花油"是香港有名的老品牌，主要功效是医治头晕头痛、感冒不适、肌肉疼痛，正好治包租婆的撞伤。

5. 节目冠名

很多电视节目都有冠名商，尤其是在综艺节目中最为典型。一般电视节目的广告冠名包括"片头元素""冠名标版""贴片硬板""主持人口播""现场置景""片尾鸣谢""角标"等多种表现形式。

6. 协助拍摄

这种类型的植入式广告包括新闻播放中的"主持人服装提供""主持人发型设计""拍摄场地提供""合作单位"等。从某些角度来看，这类广告属于资源的一种置换，客户通过提供资源节约了节目的制作成本，又用媒体的特殊资源——植入式广告进行回报，实现双方互利共赢。

7. 自制栏目剧广告植入

目前，这种植入广告形式比较受争议，典型的例子就是湖南卫视曾经播出的电视剧《丑女无敌》。该剧以广告公司为故事背景，有大量的植入广告。节目创作的初期就将广告卖点一一列出，通过和客户的协商进行有序植入。虽然广告植入做得非常充分，但观众则因为这些广告植入对电视剧本身产生了厌烦和抵触的心理，出现了不好的传播效果。

五、不能忽视了杂志和广告牌

1. 杂志广告

2015年,纽约一家广告销售公司 MediaRadar 公布的一份研究报告显示,高端奢侈品品牌原有的销售模式虽然不得不面对电商和线上广告的冲击,但为了保护品牌形象,多数依然坚守纸媒广告投放。数据统计,法国人会将广告预算的 1/3 都用在杂志广告上,美国人要花 1/7 的钱。而相比之下,中国人只花 2.8% 的广告预算在杂志广告上。

顶级品牌的效应自然不用多说,那么为什么西方国家的品牌拥有者和广告客户如此热衷于杂志广告呢?杂志,这种标准的传统媒体究竟有什么地方吸引到顶级品牌呢?这是因为顶级品牌诸如高端服装产品普遍都在传达一种情感,而通过电视媒体、视频媒体来做广告,一般都无法将这种情感有效地传达出来。杂志媒体的广告却能实现这一点。

杂志从内容制作到出刊面市一般都有 3 个月的滞后期,虽然时效性比较差,但从另一方面来看,人们反而能够看到一个月前、两个月前的杂志,并可以"慢慢翻看"。如此,杂志媒体广告持续发生作用的时间就变长了,企业便可以慢慢地让消费者感受和体会自己想要传达的情感与品牌理念。

杂志广告的记忆是被当作产品信息而不是广告本身来储存的，当衡量杂志广告的效果时，必须认识到，读者对广告产品信息的吸收，比对广告本身的认知度更重要。

顶级品牌能够在杂志上得到一整个版面的广告和文字，而把这些转移到网站上还需要时间。虽然网站上能播放视频广告，但网络环境更加复杂，因为它还充斥着很多便宜的高街品牌。国际顶级品牌一般都不会与之为伍，它们会觉得高街品牌拉低了自己的审美与价值。

高档杂志的目标人群是极其独特的，人群分类特别明显，这一点与顶级品牌的受众不谋而合。比如，一些服装杂志和时尚杂志，有些高端人士认为自己的身份属于这个层次，会觉得杂志上的时尚产品正好适合自己。

新媒体的终端，无论是电脑还是手机，打开一则新闻的速度再快，也不如随手打开一张报纸、一本杂志那么便捷；无论是电脑还是手机，都必须有电源的支撑，而报纸、杂志类则不需要。其实，经过数百年的发展，纸媒受众早已形成的阅读习惯是一种强大的惯性，不会轻易改变。阅读纸质的报纸和杂志，仍然是很大一部分人群的习惯，是一种地位与品位的象征。

2.在广告牌上做广告

户外广告媒体是在建筑物外表或街道、广场等室外公共场所设立的霓虹灯、广告牌、海报橱窗等形式。户外广告是面向所有的公众，尽管很难选择具体目标对象，但户外广告却能在固定的地点长时间地展示企业的形象及品牌，极大地提高企业和品牌的知名度。

户外广告是一个国家、一个地区经济繁荣程度最直观的体现，从一些老

影片的户外广告中可以看到许多今天很熟悉的品牌。其实,这些品牌早在20世纪80多年前就已经家喻户晓了,这就是户外广告的神奇魔力。

不同的划分标准,广告类型也不同:

(1)按建筑物分。从建筑物角度来分,广告牌主要分为:

①射灯广告牌。在广告牌四周装有射灯或其他照明装备的广告牌,称为射灯广告牌。该广告牌美观,晚上照明效果极佳,能清晰地看到广告信息。

②霓虹灯广告牌。由霓虹管弯曲成文字或图案,配上不同颜色的霓虹管制成,可以呈现出缤纷的色彩;还可以配合电子控制的闪动形式,增加动感,夜间视觉冲击力强。

③单立柱广告牌。广告牌一般都放在特设的支撑柱上,以立柱式T形或P形为多;广告装置设立于高速公路、主要交通干道等地方,面向密集的车流和人流。一般使用的尺寸为6米高×18米宽,主要以射灯做照明装备。

④大型灯箱。这种灯箱一般都放置在建筑物外墙、楼顶或裙楼等位置,白天是彩色广告牌,晚上亮灯则成为"内打灯"的灯箱广告。灯箱广告照明效果较佳,但维修却比射灯广告牌困难,且所用灯管较易耗损。

(2)按地点分。按照地点来分,主要有:

①码头广告。在码头范围内设置各种广告牌,比如站内大牌、站外大牌、廊桥灯布广告灯。

②候车亭广告牌。设置于公共汽车候车亭的户外媒体。以灯箱为主要表现形式。在这类媒体上安排的广告以大众消费品为主。可以单独或网络式购买多个站亭广告位,达到较宽覆盖率甚至覆盖多个城市。

③地铁广告。在地铁范围内设置的各种广告统称地铁广告。形式主要有十二封灯箱、四封通道海报、特殊位灯箱、扶梯、车厢内海报等。其特点是人流集中、受注目程度高,能够增加产品的认知度。企业可以根据实际需要单独或网络式购买。

④公交车广告。公交车是一种移动媒体,表现形式为全车身彩绘及车身两侧横幅挂板等,其特点是接触面广,覆盖率高,可根据目标受众对象来选择路线或地区。

⑤机场广告。设置在机场周围和机场内部的广告牌。一般针对的是层次及收入较高的受众,比如:公干及出外旅游人士。

⑥火车站广告。设置在火车站范围内的广告形式,以来往各地的旅客为主要目标对象,特点是人流量高及可覆盖邻近区域。

⑦场地广告。场地广告是电视时代的产物,主要设置在体育场馆内比赛场地周围或者大型集会活动场地。这种广告主要通过现场观众和电视转播两种途径传递信息,随着电视直播大型节目日益受注目,场地广告效益已大为提高。

⑧充气物造型广告。充气物造型广告多用于产品的促销及宣传,可以分为长期型和临时型,一般被运用在展览场地、大型集会、公关活动、体育活动等户外活动场景。造型物一般都比实物庞大,设计独特,颜色绚丽,对受众都具有强烈的感召力。

⑨路标广告。公共设施或门店位置的标牌,可以同时预留位置做广告推广。

（3）按道路分。按照道路可以将广告分为如下几种：

①人行道广告牌。设立在人行道两旁的广告牌，可以使经过的行人清楚地看到广告信息。

②电话亭。电话亭一般被设置在人流密集区或公共场所，路人接触的概率很高，但为了提高广告效果，需要经常保养及清洁。不同地区的电话亭，广告形式及尺寸也各不相同。

③阅报栏。在阅报栏开辟广告位置，就是阅报栏广告。具有与行人道广告同等的性质，也可称之为"行人道阅报栏广告"。

④悬挂广告。这种广告牌一般被设置于饭店门前、公路两侧电线杆上，制作成灯箱广告、路旗等广告形式。这种广告形式具有制作方便、展示直接、信息传播广等优点，但是广告面积较小。

（4）其他单一媒体。

①墙面。在建筑物外墙上发布的户外广告，利用墙面张贴大型海报、张贴字画、装饰旗等，主要作用是宣传产品、推广品牌形象。

②三面翻。户外广告装置中，这是较昂贵的一种。这种装置带有三面棱柱，广告画面内容使用喷绘、电脑写真或户外彩色即时贴等材质。适用于室内及户外环境，当这些棱柱转动时，能够组成三种不同的广告画面。

③无照明广告牌。这种广告牌上，没有设置任何照明设备。此类广告属于早期的广告媒体形式，随着户外媒体形式的不断发展和更新，逐渐被淘汰。

④电子屏。这是户外广告比较新颖的表现形式，常见于现代都市。它一

般用电脑控制，将广告图文或电视广告片输入程序，轮番地在画面上显示，能在较短的时间里展示出不同厂家、不同牌号的商品，具有动感十足、形式多变、新颖别致、反复播放等优点，能引起受众的极大兴趣。

六、重视微信的力量

想要在朋友圈里做好微信营销，就要选择好产品。好产品就是成功的一步，那么在微信营销中应该怎样去挑选产品呢？

1. 什么产品适合用微信销售

适合做微信营销的产品主要有：

（1）日常消费需求大的产品。平常生活中需要用到的一些产品，包括衣食住行所用到的产品，例如衣服、家居品等，这类产品很容易做微信营销，因为这些产品人人都需要购买，只要微信营销做得好，就会有很多客户找你购买。

（2）服务类产品。这类型的产品主要有鲜花预订、酒店预订、演唱会门票订购、电子机票预订等，这些产品都可以借助微信营销来宣传，给人提供方便快捷的服务。比如，微信上有一家"跑腿"公司，主要是给微信好友提供一种服务，业务就是做跑腿服务，如果外面下雨或有事情不方便外出购物，就可以打电话给这家公司，他们就会为用户提供服务。

（3）创新独特的新产品。创新独特的新产品非常适合做微信营销，可以利用微信营销的便利性、广泛性，将该类产品展示出来，让更多的微信用户知道,这类产品主要满足那些追求新鲜感、品位独特的客户。

(4)女性用品。无论是做淘宝还是做微商,多数客户都是女性,且女性天生都喜欢购物。数据表明,无论是访客还是购买率、消费额,女性都是商家最重视的一个消费群体,所以女性产品很适合做微信营销,只要微信营销做得好,销量就会不断增加。

2. 做好微信营销的核心

借助微信,可以开发客户、跟进客户、服务客户、成交客户;还可以推广产品、销售产品,推广品牌。那么应当如何做好微信营销呢?

(1)打造好微信形象。微信的形象就是产品的形象,微信的形象就是销售人员自己的形象,所以只有打造好的微信形象,才能更好地推广自己,最终推广产品,实现最后的成交。微信的形象主要包括微信头像、微信名字、微信号、签名、地址、朋友圈背景图、朋友圈内容等。要想打造好的形象,就要从以下几方面做起:

①微信头像。最好用自己的头像,因为这种头像更清晰、更真实,更充满正能量,更容易让人信服。

②微信名字。最好用自己的名字,或品牌加自己的名字。如此,不仅容易让人记住,也能真实地体现自己。

③微信号。微信号最好使用自己的微信名,不要太长,简单易记是关键。

④签名。可以用自己的身份,或产品广告词,或体现自己职业身份的介绍。

⑤地址。自己在哪里工作,就定位到哪里,不要随便选择,否则朋友会误会。

⑥朋友圈背景图。朋友圈背景图是让人第一次接触你朋友圈的画面，第一印象很重要。朋友圈背景图可以选择自己的图像、产品图片，或公司介绍，或自己身份介绍。让朋友圈的人一目了然，知道你是做什么的，第一印象也就建立了。

（2）打造微信数据库。要做好微信营销，首先得有微信好友。只有几百个微信好友，就无法达到效果。因此，要打造好自己的微信数据库，要不断积累微信好友。目前，微信好友数最多可以添加到5005人，还没有达到5000人的朋友，就要花时间、花心思去积累了。微信好友积累到一定数量，才会有质量；没有一定的数量，也就谈不上质量。

如何打造微信数据库？方法如下：

①见到人，只要有机会，就加为好友。因为，所有的人脉都是资源，就看你能否调动。

②通过各种途径添加微信好友，比如微信群、电话号码、微信好友推荐、QQ添加等。

③借助其他推广平台，对自己微信二维码进行推广，让别人主动加你为好友。

④5000个好友，坚持开发，不要间断。

（3）打造高大上的朋友圈。微信朋友圈是销售人员对外宣传自己、推广自己、推广产品的重要窗口，不用心经营朋友圈，所有的努力都可能白费。因此，要想打造好自己的朋友圈，就得让自己的朋友圈看起来高大上。

①让朋友圈内容人性化，因此不仅有产品，有自己的介绍，还要有生活

的小点滴。要让你的朋友圈看起来是真实的存在,而不是一个营销号。

②时常分享行业的干货、自己的心得体会、人生的感悟,让看你朋友圈的人可以通过朋友圈了解到你、懂你,最终信任你。

③时常互动一些话题。总是发硬邦邦的内容,不仅无趣,还会让人心烦。只有跟自己的微信好友互动起来,朋友圈才会更有活力。

④借助不同的工具去发朋友圈,可以发图文并茂的内容,可以发小视频,也可以发单独的文字。只要用心地经营朋友圈,你的朋友圈就会完全不同。

本章小结

　　产品宣传,离不开推介会。产品推介会上,将产品直接展示出来,不仅便于客户了解和认识,还能扩大产品宣传,提高产品知名度。

　　通过网络推广,最终希望实现将企业品牌的价值转化为持久的顾客关系,顾客关系不仅包括消费者对产品的青睐,也包括企业跟客户之间的合作关系。

　　借助广播,我们就能一边整理手头上的稿子,一边欣赏优美动听的音乐。收音机绝不会像报纸、杂志那样,独占我们的时间和注意力。这种干活收听两不误的功能,赋予了它独特的魅力。边干活边听收音机传来的信息,大大拓宽了广告传播的范围。

　　杂志的效果一般都有三个月的滞后期,虽然时效性比较差,但从另一方面来看,人们反而能够看到一个月前、两个月前的杂志。如此,杂志媒体广告持续发生作用的时间就变长了,企业便可以慢慢地让消费者感受和体会自己想要传达的情感与品牌理念。

　　想要在朋友圈里做好微信营销就要选择好产品,不然做到后面才发现自己没有选对路,很难将产品卖下去。

第六章

重视体验：用最好的体验赢得客户的心

一、确定一个中心且所有服务都围绕该中心展开

要想做好体验式营销,首先就要设定一个中心,也可以说,体验式营销就是从一个主题出发,并且所有服务都围绕这个主题展开,或者至少应设有一个"主题道具"。这些"体验"和"主题"并不是随意出现,而是销售人员精心设计出来的,需要有严格的计划、实施和控制等一系列管理过程,而不仅仅是形式上的符合。

体验式营销,要以目标顾客价值体验为中心,要让顾客真正了解并接受,乃至追捧你的品牌所追求的价值理念及精神内核。对于体验营销而言,这个永远是中心,任何体验环节都不能偏离了这个中心,否则营销将失去意义。

1. 目标顾客

要想做体验式营销,就要围绕目标顾客的需求来做,不要试图把产品卖给所有人。这句话说起来似乎是多余的,但在实际工作中确实存在很多问题。因为,很多销售人员开展体验式营销活动的时候,都缺少"目标顾客"的意识,一厢情愿地根据自己的喜好设计产品或活动,偏离了目标顾客的真正需求,最后把活动搞砸了。

2018年初,琳达给一家服装企业做咨询,过程中给他们的一个品牌所设计的辅助图形是一个由五个脚印组成的"脚印花"。然而,这个图形却遭到客户的质疑,原因是他们认为"中国人不会穿一件印有脚印的衣服"。事实真的是这样吗?让我们来看看这个品牌的目标顾客是谁。

这个品牌专门给25~35岁的年轻姑娘做"假日女装",该年龄段的女孩子都需要什么呢?调查发现:爱美、自恋、渴望浪漫、彰显个性是她们的主流价值观。因为,这个年龄段的女孩都是家境不错的80后或90后。

琳达问一些姑娘:"一个品牌的衣服适合你度假的时候穿,上面印有脚印花,你会穿吗?"得到的答复是:"当然要穿啦,多浪漫呀。"

琳达接着问:"要是把脚印花换成牡丹花,你会穿吗?"得到的答复却是:"宁可换成骷髅头,也不会换成牡丹花,穿一个带有牡丹花的衣服,很难想象我会变成什么样。"

这就是目标顾客!她们喜欢"脚印花""骷髅头"等她们认为有个性的东西,却不喜欢50后、60后普遍喜欢的"牡丹花"。因此,销售人员要想做好体验营销活动,就必须紧紧围绕目标顾客去策划、设计,不能偏离他们的需求、喜好和主流价值观。

2. 品牌定位

要让顾客体验到你的品牌最大的卖点以及持之以恒的精神,就是品牌定位。如果顾客体验了半天,体验到的只是和品牌定位毫不相干的东西,那么该品牌对顾客而言就毫无吸引力。因此,"以目标顾客的价值体验为中心"是至关重要的。

在所有的营销活动中，必须牢记一点：一切要围绕目标顾客的需求，一切要围绕自己的品牌定位，把其余的干扰和诱惑全部阻挡在外。

BMW的定位众所周知：分享驾驶乐趣。那么，BMW如果开展试驾活动，应该怎么做呢？国内的BMW 4S店做得很平庸，并没有把BMW的品牌定位准确地传达给目标顾客。但与此相反，国外的一些BMW店做得很不错，他们的试驾活动独树一帜，得以在众多汽车品牌的试驾活动中脱颖而出。那么他们的诀窍是什么呢？其实只是多了一个环节，即国外的BMW店的专业人员会给顾客表演特殊的驾驶技术。比如：高速行驶中的180度急转弯、甩尾停车、侧轮行驶、急速飘移等。一般来讲，想买BMW的人，都会亲身体验这些特技表演，当顾客从车里下来的那一刻，只要说出："太牛了，就是它。"那么，成交就基本达成了。所以，紧紧围绕顾客的需求来做，这才是真正的体验式营销！

二、吸引顾客参与，不忽视任何一个顾客

引导顾客体验产品是产品推荐中最重要的一个环节，精心设计展示产品的每一个环节，关注顾客体验的每一个细节，严格按照流程来引导顾客体验，总能达到预期效果。

通过体验，顾客可以提前、具体地感受到他所希望的生活。顾客在体验产品的过程中，会把未来拥有产品时的快乐与幸福感放大。如果有可能，销售人员一定不要放过让顾客体验的机会。一旦体验了，就要让顾客说出感受。

乔·吉拉德是一位销售高手，经常诱使顾客亲身体验、感受汽车的功能。他特别善于通过一些小细节、小妙招来引导顾客体验，达到最终成交的目的。比如，在与顾客沟通的时候，他会想尽办法让顾客"闻一闻"新车的味道。

乔·吉拉德会主动邀请顾客走进驾驶室，握住方向盘，让顾客自己触摸操作一番。如果顾客的家就在附近，乔·吉拉德还会建议他把车开回家里，让顾客在家人、邻居面前炫耀一番再开回来。通常，顾客经过这一番与车的亲密接触之后，会很快被新车的"味道"所陶醉、俘获。

根据乔·吉拉德的经验，凡是坐进驾驶室把车开上一段距离的顾客，几

乎没有不买他的车的。即使当时不买，不久之后也会回来找他。

俗话说："耳听为虚，眼见为实。"人们一般都不会相信别人所说的，而愿意相信亲眼所见或亲身体验的事实。在顾客还没有做出购买决定之前，先让顾客试用一下，顾客一般都会欣然接受，因为他们也愿意通过自己的亲身体验来判断产品是否适合自己。体验完产品之后，如果满意，他们就容易做出购买决定，因为他们总是相信自己的感觉。

产品介绍完之后，要引导顾客体验产品，如果顾客拒绝，一般都是因为销售人员过度热情了。比如，销售人员说："觉得好就试试吧""喜欢就试试吧"，但是顾客听了，往往就不愿意试了，因为这么说给顾客的感觉就是"觉得好、喜欢就试试，试了就代表认可产品了，喜欢的话就会购买，但是如果我试了不喜欢，那又该怎么拒绝呢？"顾客这样一想，就自然不愿意冒这种试了就要买的风险来体验产品了。

怎么解决这个问题？简单来说就是给予顾客"体验产品的零风险承诺"，让顾客心里没有任何负担，没有要背的"锅"，可以使用这样的话术：

"根据您刚才说的情况，我认为这两款产品比较适合您，这样，您自己试试看哪款更合适。"

"根据您的情况，我认为这款产品非常适合您，不过，光我说好不行，到底怎么样，还得您自己来试试。"

通过这样的话术来引导顾客自己去体验，才能避免顾客出现逆反心理。如果顾客体验产品后并没有进入购买流程，反而掉头离开，出现这个现象的原因很可能是销售人员没有事先精心设计顾客体验流程，没有照顾到顾客的感受。

采用体验原理来销售产品，在话术方面，应当注意以下几点：

1. **热情鼓励顾客试用**

当顾客对产品表现出一定兴趣的时候，应当热情大方地邀请他们参与试用与体验。千万不要让顾客感觉到你不太愿意让他体验，否则，他就会怀疑你的产品可能有问题。

2. **让顾客说出体验的感受**

顾客试用完之后，一定要问顾客的感受如何，特别要结合产品的比较优势、超强功能、独特之处等，让顾客把体验说出来，使之认同这些价值，让他发现产品的优越、新奇之处。

3. **激发顾客的想象力**

让顾客说出体验，不能仅局限于产品本身，还要让他把产品与他的生活场景、生活方式以及人生理想、价值观结合起来，激发出美好的想象空间，让其内心产生出兴奋、快乐、幸福等情绪，促使购买行为的产生。

三、与顾客沟通，发掘他们的内心渴望

营销过程中，很多销售人员都会遇到这样的问题：

"为什么我陪顾客看了十次，顾客却没有选择我？"

"听总监总是强调链接社区的重要性，为什么我始终融入不了社区？"

"在门店给顾客介绍多套家具组合的时候，我能感受到顾客的不耐烦，难道是我多心了？"

……

其实，很多时候，并不是销售人员的专业能力出了问题，而是跟顾客的沟通方式需要改进。

被美国总统林肯称为"美国孔子"的拉尔夫·沃尔多·爱默生曾有一句经典名言："你的行动已经表明了一切，我已经听不到你在说什么了。"可见，即使专业能力再强，没有好的沟通本领，也会收效甚微。

在体验式营销工作中，和顾客的沟通占据了很大一部分。如果要将脑海中的产品信息有效转化给对方，就需要在沟通中注意一些关键点：眼神、姿势和动作、表情、语音语调以及停顿。

1. 注意眼神的沟通

在销售过程中,如果销售人员不与顾客进行眼神的交流,那么就会给人一种不尊重、不看中对方,甚至冷漠的感受,这样就等于没有与顾客进行沟通。

在大脑接收的所有感官信息中,视觉信息具有最大的影响力,并能够在我们的记忆中产生最深的印象,这也是眼神交流对于沟通体验至关重要的原因。可见,仅有一扫而过的眼神接触是不够的,还需要进行眼神交流。

2. 不要忽视姿势和动作

站着说话与坐着说话,存在着巨大的差异。比如,陪客户看床的时候,如果你是站着,并将自己定义为一个演讲者,那么你的行动、动作与微笑都会增多。

在站着的时候适当运用一些动作,沟通的效果会更好,最好的方式是让你的眼神交流配合你的身体移动。如果沟通的对象是一家人,可以选择其中一个人,慢慢走向他,接着在那个位置停下脚步,看看房间同一端的另一个人,接着再看向房间另一端的一个人。

无论何时,即使跟大爷大妈聊天,也要保持良好的坐姿、站姿,因为说不定正在和你说话的这个人就是你下一个潜在客户。

3. 表情也很重要

虽说《甄嬛传》中娘娘教我们要"喜怒不形于色",但那只适用于宫斗剧。体验式营销中,在你和顾客的交流中,表情很重要。当然,并不是让你夸张地去表达信息,对产品充分熟悉,全面感知产品的一切信息,就能将产品当作自己心爱的作品,让顾客和你一起感受"作品"之美。当然,让顾客感受到

你友善热情的最简单的方式还是微笑。

4. 语音语调有妙处

如果销售人员对产品的介绍富有感染力,而不是简单地生搬硬套,那么顾客也会对你刮目相看。所以,无论何时,都要注意自己说话的语音语调。

5. 关注语气的停顿

停顿是沟通中销售人员必须掌握的一种最具力量的行为工具。停顿能让销售人员具有思考、呼吸的时间,还能展示一个戏剧化场景。比如,销售人员给顾客介绍产品,说出前半年产品成交均价,就可以简单停顿下,让顾客自己去思考。

停顿还会增强销售人员的友善与热情,让他讲话没那么匆忙,也不慌张,便于销售人员把握好自己说话的节奏。

四、尊重顾客的体验感受，优化品质

每个人都希望自己能得到别人的尊重，这并不是单纯的爱面子，而是想要得到别人的认可。在销售人员与顾客的交往中，是否能够尊重顾客，是双方能否友好相处的重要条件。

很多销售人员对于销售行业有误解，认为销售就是要让顾客买东西，只要顾客愿意购买，愿意花钱，销售就算成功了。其实不然。在销售过程中，销售人员想要促成交易，获得更多的利润，就需要跟顾客建立长久的合作关系。因此，销售人员要维护顾客的尊严，给顾客留面子，满足顾客的尊重需求，才能和顾客建立良好的关系。

苏霍姆林斯基曾说过："人有许多高尚的品格，但有一种高尚的品格是人生的顶峰，这就是尊重别人。"作为一名销售人员，一定要明白尊重顾客的重要性。

乔·吉拉德是一位非常著名的销售大师，在他的销售生涯中，和顾客之间发生过很多有趣的故事。

一次，乔·吉拉德正在工作，一位中年妇女走了进来。顾客看上去大概

50岁,穿着比较普通,从外表上看,似乎没有什么购买能力。

当时的乔·吉拉德并没有像其他销售人员一样轻视、怠慢她,反而,他主动上前和她攀谈。而这名妇女则直接和乔·吉拉德声明,她只是随便看看,打发一下时间,并不会在这家店购买汽车。但是,乔·吉拉德并没有被这位妇女的冷漠打败,依旧把她当作顾客一样向她微笑问好。

这个举动赢得了这位妇女的好感,她自然地和乔·吉拉德交谈起来。

她说:"今天是我的生日,我准备买一辆汽车送给自己作为生日礼物。"乔·吉拉德听了之后高兴地说道:"那真是太棒了!生日快乐,夫人!"乔·吉拉德一边恭喜她,一边将她请到座位上,并趁机向身边的助理吩咐了一些事情之后,又回到这位妇女的身边,陪她打发时间。

不一会儿,乔·吉拉德的助理就捧着一束花走了进来,并将花送给了这位妇女,同时祝福道:"祝您生日快乐,夫人。"她感动得热泪盈眶,激动地说:"已经有很多年没有收到花了,真的太意外了,没想到在我生日的这天还能收到这份意想不到的礼物,太让人高兴了!"

她对吉拉德的绅士行为非常欣赏,最终,在乔·吉拉德的介绍下,买了一辆汽车作为自己的生日礼物。

对于销售人员来说,无论顾客是有钱还是没钱,有购买意向还是没有购买意向,他们都是销售人员应该重视和尊重的群体。这是服务行业的金科玉律,每个销售人员都必须遵守。

每一个人都需要被尊重,只有首先学会尊重别人,才会获得别人的尊重。很多销售人员经常抱怨,服务行业总是得不到顾客的尊重,但是仔细想一想,只要先尊重顾客，顾客自然也会尊重你。因此，尊重和重视顾客，不仅是一种绅士行为，可以引起顾客的好感，还能增加自己的可信度和亲切感，让顾客愿意与你交谈，从而促进双方之间的关系，为后面的成交打下基础。那么如何做算是尊重顾客呢？

1. 保持得体的礼仪

对顾客保持合适的礼仪是销售人员的基本常识，也是尊重顾客的基本方式，通常情况下销售人员在面对顾客时都能做到这一点。真正的尊重是发自内心的，把这种礼仪当作例行公事一样敷衍，顾客不但不会觉得受到尊重，反而还会觉得自己被轻视。因此跟顾客打交道时，销售人员一定要注意礼仪，不要随意敷衍了事。

2. 不要以貌取人

一个人是否应该受到尊重跟他的经济实力以及文化差异并没有直接的关系。作为一名销售人员，不管顾客经济实力如何，都要平等地对待之，不能以貌取人，更不能唯利是图。每个顾客都应该被尊重，无论是什么样的顾客，都要一视同仁地尊重他、重视他，给他提供周到的服务，这才是销售的长久之道。

3. 学会倾听顾客

很多销售人员常常会忽视客户的话，总把自己的想法强加给顾客，却不懂得询问顾客的需求。而聪明的销售人员则明白在销售过程中，最重要的不是自己说了多少，而是顾客说了多少。顾客说得越多，销售人员才能了解得越多，也才能更加准确地把握住顾客的消费心理。学会倾听顾客，不但可以了解

更多信息，还能让顾客感受到销售人员对自己的重视和尊重，从而拉近销售人员和顾客之间的距离。

销售并不仅仅是为了赚钱，如果销售人员只把眼光放在短期利益上，忽视了顾客的受尊重需求，那么就不会有好的发展。记住：懂得尊重顾客，才能赢得顾客更多的好感；维护好顾客的尊严，才能建立双方的友好关系，促进更多的合作机会。

本章小结

体验式营销，要以目标顾客价值体验为中心，要让顾客真正了解并接受，乃至追捧你的品牌所追求的价值理念及精神内核。对于体验式营销而言，这个永远是中心，任何体验环节都不能偏离这个中心，否则营销将失去意义。

体验可以让人具体地感受一种他希望的生活方式。顾客在体验产品的过程中，会把未来拥有产品时的快乐与幸福感放大。如果有可能，销售人员一定不要放过让顾客体验的机会。一旦体验了，更要让他说出感觉。

在体验式营销的工作中，和顾客的沟通占据了很大一部分。如果要将脑海中的产品信息有效转化给对方，就需要在沟通过程中注意一些关键点，比如眼神、姿势和动作、表情、语音语调以及停顿。

在销售过程中，销售人员想要促成交易，获得更多的利润，就需要跟顾客建立起长久的合作关系。因此，销售人员要维护顾客的尊严，给顾客留面子，满足顾客的受尊重需求，才能和顾客建立良好的关系。

第七章

情感认同：从情感出发，引导心灵的共鸣

一、成为消费者的知心朋友,帮助消费者解决疑虑

消费者对于品牌的疑虑有很多,包括价格、消费场所、消费时间、人群区分、购买渠道、身份特征、价值认同等,而品牌市场定位的核心目的,就是在众多疑虑中,选择最具受众基础的、最具市场价值和潜力的项目,消除其消费决策中的疑虑,向消费者做出品牌安全感承诺。

很多企业或品牌试图去改变消费者的想法,这往往是非常难的。曾几何时,让消费者选择用香皂洗手非常困难,因为从古至今的习惯,让消费者觉得顺应历史是天经地义的事情。唯一有效的办法,就是去搞懂消费者怎么想的,消费者对消费中的哪些决策环节存在疑虑,从而有针对性地去给他们提供安全感承诺,让消费者真正"无顾虑"地去消费。

以洗发水为例,消费者的疑虑可能包括价格的高低、男女的头发不一样是否要专门的洗发水、化学成分会不会对头发造成伤害、洗发和护发不一样等,因而诸如清扬、奥妮、飘柔等品牌,则正是针对消费者的不同疑虑,从不同角度赋予品牌安全感的承诺,从而获得特定的市场份额。

再来举例舒肤佳的情况,消费者消费这类产品(洗手、洗澡等)的初衷是为了"干净",而他们的最大疑虑则在于能否彻底杀死"细菌"。消费者的疑虑可能存在很多方面,比如价格、化学成分、产品外形等,但对消费者的洞察让舒肤佳确认他们的想法没有错。

于是,舒肤佳在中国开始了长达十多年的"有效除菌"的品牌安全感宣传工作。如通过踢球、挤车、扛煤气罐等场景告诉大家生活中会接触到很多细菌,然后用放大镜下的细菌"吓你一跳"。最后,通过内含抗菌成分"迪保肤"的理性诉求和实验来证明舒肤佳可以让你把手洗"干净";还通过"中华医学会验证",增强了品牌安全感,奠定了在中国市场的坚实基础。

品牌消除了最大的消费疑虑,满足了消费者的安全感,消费者就有极大的概率选择我们的品牌。营销人员应当意识到,消费者的疑虑可能存在各个方面,这些疑虑都可能影响最终的购买决策。因此,在营销活动中,对细节的关注和观察同样重要,在产品包装、产品功能、口感、渠道便利性、促销活动、奖品设置、终端生动化等方面,都应当注意对消费者信息(态度与反馈)的收集,要以"为消费者消除疑虑,为消费者提供安全感"为工作核心。

面对各种品牌,顾客只能货比三家,甚至四家、五家。对于那些真正想解决顾客难题的销售人员来说,这无疑又增添了难度。那么,销售人员该怎么打消顾客的疑虑呢?首先,要清楚顾客的疑虑是来自对销售人员本身、对公司、对产品,还是来自对售后服务或是对产品价格等的哪方面。但无论针对哪种疑虑,都可以通过三个方法解决:肯定顾客的见解以及立场;对顾客所提出的各种疑虑逐一剖析;告诉顾客这些疑虑和担心都是没有必要的。

在使用这三个方法的过程中,销售人员一定要用自己的真心换取顾客

的真心,真正打消顾客的疑虑。总结起来,是带着以下4种"真心"来服务客户:

1. 销售人员的诚心

营销人员面对顾客的时候,应该耐心地为顾客答疑解惑。碰上无法解决的难题时,千万不能胡说乱侃,要向顾客坦白,让顾客认为你是个诚实可靠的人。即使单子受到坦白的影响失败了,也不要气馁,要认识到自己的不足,并加以完善。

2. 销售人员的耐心

对于顾客来说,他们正因为不懂产品,才会多方比较,这也是正常的。如果换成是你,买产品也是一样的,每个人都希望买到称心如意且实惠的产品,面对顾客的挑三拣四,一定要多一些耐心,要设身处地为顾客多做考虑,跟顾客做好沟通。总是催促顾客立刻决定,会让顾客非常反感,让订单离你越来越远。

3. 销售人员的虚心

随着市场竞争越来越激烈,同品类的产品越来越多,各商家的相互竞争都非常激烈。顾客在产品之间互相比较拿不定主意的时候,一般都会问更专业的销售人员,目的只有一个,就是想测试一下到底什么样的产品才是最好的、最适合自己的。

经验不足的销售人员为了成交,会将竞品贬得一文不值,本来顾客很看好那家的产品,结果你这么一说,顾客失望了,单子也就丢了。营销人员需要做的就是:向顾客证明你是最专业的,在不贬低竞争对手的同时,也要向竞争对手学习。

4. 销售人员的责任心

本着对顾客负责的态度，销售人员所说的每一句话都要有根有据，对于自己不知道的事情，不要不懂装懂，更不要乱说一气，以免给顾客造成损失。

二、运用情感沟通，跟客户拉家常、问冷暖

有些销售人员总以为到客户家中拜访，就应该言简意赅、直奔主题。为什么要这么做呢？因为要节约彼此的时间，让客户觉得你是个珍惜时间和高效率的人。事实上，这些都是销售人员自己的一厢情愿。如果销售人员平时和客户就是这种谈话风格，就需要立刻检讨一下自己了。因为事实证明，这种做法多半会让客户以为你和他只是业务关系，没有人情味，从而导致客户反感。

正确的做法是销售人员和客户适当地谈谈题外话，说些围绕客户的家常话，如同一位关心他的老朋友，但注意不要涉及他的个人隐私。

有一次，销售员小刘和一位老年客户谈生意。从上午11点开始，持续了6个小时，他们才出来放松一下，到咖啡馆喝一杯咖啡。小刘大脑有点麻木，客户却说："时间好快，好像只谈了五分钟。"

第二天继续，双方从下午2点一直谈到6点，要不是客户的司机来提醒，他们可能要一直谈到夜里。

再后来的一次，谈计划只花了半小时，听客户的发迹史却花了9个小时。客户讲起自己如何赤手空拳打天下，从一无所有到创造一切，又怎样在50岁时失去一切,却又怎样东山再起。80 岁的老人,谈到最后竟动了感情。

小刘只是用心去倾听,用心去感受,结果,客户给 50 岁的女儿投了保,还给生意保了 10 万美元。

客户一般都缺少花半天时间听销售人员滔滔不绝地介绍产品的耐心,相反,客户却愿意花时间同那些关心其需要、想法和感受的人在一起。基于这个原因,跟客户拉家常也就成了客户最容易接受、最难以察觉的销售沟通方法。

拉家常看似简单,实则也是一门学问,在和客户交谈过程中,销售人员要迅速找到客户的兴趣点及令其骄傲的地方,同时还需注意以下几点。

(1)弄清顾客的踌躇和疑惑。弄清前者,可以了解购买过程中的插曲,可以对销售人员的话术内容进行相应的调整。弄清后者,有助于了解顾客是如何选择产品的,看重产品的哪个部分,弄清这些信息,销售人员就能精准地进行产品推荐或服务了。

(2)储备一些常见话题。在拜访客户时,要让聊天成为正式交谈的热身。比如,交谈开始时,不妨先谈谈"天气"之类的轻松话题。因此,平时除了自己关心、感兴趣的话题外,还需要储备一些可以与客户闲聊的话题,比如儿童教育、购物经验、夫妻相处、交际应酬、家庭布置、运动、娱乐、热点新闻、哲学、宗教、艺术等。

(3)要小心避开的话题。对于自己不知道的事情不要充内行;不要向陌生人夸耀你的成绩,比如:个人成就、你的富有、孩子特别聪明等;不要在公共场合谈论别人的失败、缺陷、隐私等;不要谈容易引起争执的话题;不要到处诉苦和发牢骚。

（4）话题的选择最好就地取材。要按照当时所处的环境来寻找话题，也可以适时地向对方了解一些他熟悉的、感兴趣的问题。

（5）制造一个愉快的聊天气氛，做一个倾听者，当客人讲得兴致勃勃时，要用心地去听。

（6）从口音入手，找老乡的话题。中国人不论走到哪里都会有一种老乡的情结，销售人员要努力听出客人的口音，看看对方是不是你的老乡，如果是老乡，你们的距离就会拉近，接下来的沟通就会顺利很多。

（7）关心一下客人的身体，如果发现客人的肩膀比较酸，就要引入生活中，看看对方是不是比较忙、工作是不是太累等。

（8）尽量参与到客户的话题中。两个人交流、沟通，不管哪一方提出的话题，另一方最起码也要参与一下，尤其是只有你和客户单独相处的时候。即使是简单的点头或微笑，也要给予客户适当的回应，表示自己在参与这个话题。

（9）适当地引导客户，重新回归到之前的业务话题。销售人员提出了新话题，客户对这个话题却提不起兴趣，或该话题和客户交流的目的完全无关，就要引导客户回归正确话题，以免耽误彼此的时间和精力。

三、不同的营销场所，环境布置要求和标准也不同

著名的营销大师菲利普·科特勒先生曾说："消费者购买的是商品整体，不仅包括商品实体，还包括包装、售后服务、广告、信誉，以及交易地点的空间氛围。"显然，在这里，空间氛围是一种非常重要的营销工具。

顾客的购买行为具有易变性和可诱导性，常常是非理性的，容易受到产品、广告和营销环境的影响而产生冲动性购买行为。因此，在激烈的商战中，当降价打折、有奖销售等手段对一些消费者不再具有强大吸引力时，就需要利用不同商场的微观来营造其特有的氛围，这样才能使顾客产生某种心理效应，提高店内顾客的购买率。

也就是说，不仅要关注消费者对于商品物质层面的需求，更要关注消费者精神层面的需求，即顾客体验，要给顾客足够的理由和刺激让他们来进行消费。

在顾客走进一个空间的时候，往往会接收很多信息，比如：不同区域的整体视觉管理状况、出入通道、其余顾客在这里滞留时间的长短、是否拥挤、音乐背景等，他们会根据这些来判断这个地方的人群和他的感觉是不是一致

的，是不是同一类人，跟销售人员的沟通是否有障碍，进而再来判断自己是否乐意在这里消费。

所有影响消费者感官的元素都需要精心设计，不能仅停留在促销等表层，更要回到打动人的内心上，上升到精神层面，以便吸引和留住更多的顾客。

总的来说，商场氛围营造分为三方面：产品本身的体验设计、卖场产品组合的体验设计以及商场环境氛围的体验设计。产品本身的体验设计包括产品概念、形态、材质、外包装设计、产品画面立意等；卖场产品组合的体验设计包括产品选择、产品组合的设计；商场环境氛围的体验设计则是指商场的立体氛围带给顾客的感受。

何谓立体氛围？即人的五感，视觉、听觉、嗅觉、触觉和心理感受。视觉，如环境色彩、店内灯光；听觉，如背景音乐；嗅觉，如环境气味；触觉，如商品展示、温度等；心理感受则是指，空间的拥挤程度，带给人们的感受。下面，我们就从五感的角度分别进行阐述。

1. 关注环境色彩

在现代商业空间，色彩起着传达信息、烘托气氛的作用。通过色彩设计，可以创造一个亲切、和谐、鲜明、舒适的购物环境。在门店内部环境设计中，色彩可以用于创造特定的气氛，既可以帮助顾客认识门店形象，又能使顾客产生良好的记忆和深刻的心理感觉。

不同的环境色彩能引起顾客不同的联想和心理感受，激发人们潜在的消费欲望，还可以使顾客产生即时的视觉震撼。比如，红色、橙色、黄色，能使人心情舒畅，产生兴奋感；青色、灰色、绿色能使人感到清静，甚至有点忧郁；黑色会分散人的注意力，使人产生郁闷、乏味的感觉；白色有素洁感，但对比度太强，易刺激瞳孔收缩、诱发头痛等病症。

营销环境的色彩调配得当，醒目宜人，对顾客的情绪调节也具有一定的作用。店内环境色彩的运用一般不是单一的，通常以一种色彩为主色调，但背景色彩、陈列道具与商品之间的色彩要进行合理科学的搭配，才能产生合理的效果。一般而言，暖色可作为点缀或局部主调，冷色可作为背景色彩。在店内环境色彩的设计中，要综合考虑季节因素、商品因素和顾客特征。

2. 重视店内灯光

灯光照明是对商场的重点"软包装"，体现了商家在一定时期内销售主体的诉求意向，也是向顾客传递购物信息的媒介。

店内的照明光源一般分为两大类：一类是为了保持整个门店空间亮度的基本照明光源；另一类是以装饰功能为主兼作照明的装饰光源。店内灯光照明应与消费者通过视觉所反映的心理感受相适应，才能增强感官刺激强度，渲染店内气氛，激发顾客的购物情绪。

一般来说，店内灯光应掌握远光要强，近光要弱的原则；远光多色交融，近光少色和单色；远光可多变多动，近光则少变少动。同时，灯光的亮度还要考虑灯色对人们造成的心理效应。店内灯光照明的科学、艺术化可以渲染烘托整个门店的气氛，这方面表现突出的门店已经有意识地运用灯光设计来突出自己的颜色标志，独特鲜明的整体灯光设计也就成了他们形成经营特色、提高知名度的手段。

在上海梅陇镇广场举办过一届"法国娇兰百年臻品展"。其中，"百年传

承"主题区以产品展示为主,在灯光上运用了非常柔和的灯光,拉近了消费者与品牌的距离,渲染了文化氛围;而"娇兰之家"主题区则是以产品售卖为主,在灯光上则运用了相对明亮的白光,方便顾客清晰地感受产品,购买产品。

3.搭配背景音乐

如果看过足够多的电影,且对电影配乐有所留意,就会发觉:看电影的时候,几乎觉察不到音乐的存在,人的注意力都集中在画面、情节、人物等因素上,情绪也随之起伏。好的卖场音乐也是如此,能帮助营造卖场氛围、调整顾客心理,使顾客将注意力更好、更舒适地集中在商品以及购物体验上。

在背景音乐选择时,需要着重考虑三方面的因素:

(1)商场音乐的时间性。一般分为以下几个时段:

单日时间性:全天"音乐织体"在不同时段内选择要素。

迎宾时段:调动销售人员情绪,进入工作状态。

送宾时段:使场内顾客顺利购物离场。

低温时段:客流较少的时段。

高温时段:客流较多的时段。

危险时段:特指13:00~15:00,过于舒缓的音乐,特别是器乐易使人困倦。商场在进行选择的时候尤其需要注意。

主题时间性:指依据营销主题,音乐也需有所配合,比如情人节等。

季节时间性:结合四季特点,就更完美了。

(2)商场音乐的单位时长。单位时长是指顾客在店内停留的平均时间。这与店面的体量也有关系。比如,2万平方米的店和8万平方米的店,单位时长肯定不同。

（3）商场音乐的相对性。选择要素，比如速度、音色、力度、旋律、风格等，只有通过相互对比，才能表现出来。进行商场背景音乐选择的时候，不能只选一首作品，每天都要建构起11个小时左右的"音乐织体"；也不能只选择一种类型的音乐，一种类型的音乐持续大约15分钟以上，就会产生审美疲倦。

4.用气味吸引消费者

你走过糕点店时，那一阵阵不可抗拒的香喷喷的、新烤出的巧克力饼干的香味，会让人们产生购买的冲动。但正如有令人不愉快的声音一样，也有令人不愉快的气味，这种气味会把顾客赶走。

令人不愉快的气味，包括霉味的地毯、吸纸烟的烟气、强烈的染料味、残留的尚未完全熄灭的燃烧物的气味、油漆和保管不善的清洁用品的气味、洗手间的气味等。

邻居的不良气味，也会给店面带来不好的影响。这些气味不仅会令人不愉快，与店面的环境、气氛也不协调。比如，家居卖场如果到处弥漫着饭菜的味道，就会让人非常不舒服，不想多作停留。如果是不好的气味，就要用空气过滤设备降低它的密度(强度)；对正常的气味，密度不妨大一些，促进顾客的购买，但是，要适当控制，使它不扰乱顾客，甚至使顾客厌恶。

5.做好商品展示

为了与顾客交易成功，必须使商品处于最佳的陈列状态。这里的商品展示主要是针对零售业，分为静态与动态的陈列。

静态陈列包括开放陈列、造型陈列、重点陈列、醒目陈列、连带陈列、场景陈列、节令陈列和顺序陈列。

动态陈列包括顾客的流动、商品的流动、道具的流动和空间的流动。对于活动时礼品的陈列，可以参考以上的方式进行组合及搭配，从而达到最好的效果。

6. 关注周围的温度

不同季节保持商场内拥有不同的适宜的温度，既不能太冷，也不能太热。进行温度调节的时候，最好从消费者的角度先进行体验。

四、只有舒适的环境，才能给消费者带来愉悦

要想提高营销效果，就要给消费者营造一个舒适的购物环境，因为只有舒适的环境，才能让消费者保持好心情，才能受到更多消费者的青睐。

商场的购物环境主要通过装修设计来体现，环境的营造往往能让消费者感受到不一样的氛围，对销售额的提升大有帮助。每个商场的装修风格都不太一样，装修设计时，一定要注重这方面的提升。

1. 充分考虑卖场的外观形象

对于现代商场，首先要考虑建筑物的外观形象。良好的外观形象，能够引导顾客由表及里地去了解商场，增强其惠顾商场的兴趣，激发顾客的购买欲望。

简洁大方、色调明快的外部建筑，会给人以庄重、典雅、豪华的感觉；巧妙的橱窗设计，不仅使人赏心悦目，还能够增强宣传效果，表现出商业的文明、繁荣和现代气派，吸引消费者的关注。

2. 注意色彩和空气流通

对于现代商场设计，尤其要考虑到色彩和空气流通等问题。不同的色彩会给人以不同的感受，色调不同能对消费者产生不同的作用。因此，内部的各

种设施以及工作人员的工作服等色调都要和谐,要深浅相宜、大方典雅;色彩统一协调、搭配得当,也能体现出经营者较好的审美情趣和高雅的文化素养。

商场内的空气,要保持一定的温度和湿度,最好控制在20℃左右的温度,相对湿度在40%～60%为宜。同时,还要注意室内通风,保持空气清新。如此,不仅有益于消费者购物,还有利于销售人员的身心健康和商品养护。

3. 让顾客感觉到热情、亲切和舒适

营业大厅的装饰,要让顾客感受到热情、亲切和舒适。比如:迎门要布置电视屏墙,不时映出"欢迎光临"等礼貌用语,并交替出现商品介绍;大厅中,要设立喷泉、水帘、假山、鲜花等,使消费者一进来就有宾至如归的感觉。这样不仅使得购物不再是一种辛苦,更将成为一种惬意的享受。

本章小结

试图改变消费者的想法,往往是非常难的。唯一有效的办法,就是搞懂消费者是怎么想的,消费者对消费中的哪些决策环节存在疑虑,从而有针对性地去给他们提供安全感承诺,让消费者真正"无顾虑"地去消费。

正确的做法是,销售人员和客户适当地谈谈题外话,说些围绕客户的家常话,如同一位关心他的老朋友,但不要涉及客户的个人隐私。

不仅要关注消费者对于商品物质层面的需求,更要关注消费者精神层面的需求,即顾客体验,要给顾客足够的理由和刺激让他们来进行消费。

要想提高营销效果,就要给消费者营造一个舒适的购物环境,因为只有舒适的环境,才能让消费者保持好心情,才能受到更多消费者的青睐。

第八章 客户服务：卖产品，其实就是卖服务

一、卖服务比卖产品更加容易打动人心

虽说销售的最终目的是将产品销售出去，可是销售更是一个卖服务的过程。很多销售人员只看重结果，对于过程则不太注意。其实，很多时候，过程是非常重要的。特别是在销售产品的过程中，销售人员给客户服务的感觉甚至能决定这次销售的成功与否。

不管在哪个时代，服务都是被看重的，服务的质量如何，看顾客的反应就能知道。为什么自己的成交率不高？也许就是失败的服务导致失去了成交的机会。

2018年9月26日，海底捞敲钟上市。伴随海底捞一起成长的服务员杨丽娟成了人生赢家，39岁的杨丽娟共拥有价值30亿元人民币的股份。

老话说得好："付出总有回报"。作为海底捞最早的员工之一，杨丽娟1995年加入海底捞，那一年她只有17岁。杨丽娟从服务员做起，勤劳肯干，随着海底捞的快速发展，杨丽娟逐渐受到重用。当海底捞成功上市时，她就成了"中国最牛服务员"。

海底捞的服务是大家有目共睹的，其服务已经成了"极致服务"的代名词。2011年，微博上开始流行一种新文体——海底捞体，一位网友在海底捞就餐后发微博称:"海底捞居然搬了张婴儿床给儿子睡觉,大家注意了,是床!我彻底崩溃了!"网友甚至还说:"海底捞的服务员就差帮你付钱了。"

"中国最牛服务员"杨丽娟与海底捞一起用行动践行着这样的理念:最好的销售是服务。这也告诉我们,最好的销售是服务!

一流的销售人员,会将自己的价值充分体现出来,使用各种技巧,将产品成功地销售出去。这也是面对同样的东西,有人能销售出去,有人销售不出去的原因。对于一流的销售人员,顾客就是上帝,买了是上帝,没买也是上帝,能够给顾客留个好印象,不买的人会变成买的人,买了的人可能还会买。

有时候销售人员觉得自己明明已经做了很大的努力,为什么还不能把顾客谈下来?服务不好就是一大原因。失败的服务会让销售人员失去销售的机会。那么,失败的服务都有哪些呢?比如,顾客进门,销售人员只顾着化妆,或与他人聊天,顾客会认为你很无礼。这样,机会就溜走了。有的销售人员对产品知识不熟悉,顾客问了问题,销售人员答不上来,顾客就会觉得兴味索然,掉头就走。如此,机会也从身边溜走了。有的销售人员喜欢卖弄自己的学问,总是反驳顾客,或者嘲笑顾客,令顾客觉得很没有面子,顾客也就失去了购买欲。机会不会偏向这样的销售人员。

对于顾客的挑来选去,销售人员感到厌烦、不情愿,顾客就会感到不愉快、放弃购买。其实,既然要购买商品,挑选就是很正常的事。这时销售人员就要多一点耐心,争取抓住机会。

目前,随着行业竞争的不断加剧,产品同质化日益严重,同类产品的质地、款式、样式包装、技术含量等日趋接近,如何在火热的红海竞争中脱颖

而出？越来越多的事实表明，品牌之间的竞争已经逐步转移到了"服务"的焦点上。只有做好服务，才能让消费者感到明显差异，才能掌握自家产品有别于竞争对手的有力武器。如此，缔造优质的品牌服务体系，为顾客提供满意的服务，也就成了销售的制胜法宝。

做销售，其实就是在给客户提供服务，并不仅仅是将一个又一个的产品卖给不同的客户；销售工作做得好不好，就是服务做得好不好。一句话，销售的本质就是服务，销售的过程就是服务的过程。

知道产品特点，了解销售技巧，培养销售素养，其实都是在为客户服务做前期准备。在销售过程中，有些刚进公司的销售新人在成交业绩上超过了已经在销售行业从业多年的老人。究其原因发现，虽然里面有些许的运气成分，但更重要的是他在进公司之前，已经养成了自己的个人素质和说话习惯等，懂得如何更好地跟陌生人说话交流，这就容易取得客户信任。虽然不懂产品知识，不懂销售技巧，却为客户提供了最好的服务。

客户既然要选购产品，自然是有需求，但是对很多客户来讲，买回自己所需的产品只是一种行为。现在同类产品众多，竞争压力大，价格也很透明，对客户来讲，进店购买产品只是花钱而已，只要某家店服务质量好、让自己花钱花得舒心，就会增加信任感，就会安心地在这里下单。

那么，如何才能做好服务？给大家几点建议：

1. 销售人员要努力做杂家

由于销售工作的特殊性，销售人员必须成为"多面手"。在顾客面前，要对产品高度熟悉，做一个"产品专家"；要了解很多话题，与顾客保持沟通交流。而要做到这一点，就需要熟知产品知识，多留意其他方面的知识，比如某个时期的热门话题、养生等方面的知识，成为一个"杂家"，从而与客户有更多的共同语言。

2. 全心全意地为客户服务

全心全意为客户服务，主要体现在：

（1）树立"客户是上帝"的服务意识。只有把客户放得越高，销售过程中销售人员才能放低姿态，保持谦逊，才能更好地展现销售服务。因此，要做好服务，就要有"客户是上帝"的意识。

（2）快速响应客户需求。满足客户并不只是产品的满足，还有心理的满足。因此，面对客户的问题、质疑和需求，不要逃避，要勇敢面对，用肯定的话语给客户吃"定心丸"。

（3）持续给客户提供优质服务。只要客户进店，不管能不能当时成交、当天成交，都要持续地为客户提供优质的服务。自认为眼光老到，或在接待客户过程中根据自己主观意识评判客户的意向等级，是销售最大的误区。面对每一位客户，都要从一而终，给客户提供最真诚的服务。

二、明确客户服务信念

要想做好客户服务,就要明确客户服务信念,笔者总结了三点:

1. 顾客就是我的收入

迁入新居后,李淼不得不买一些家具,于是走进了一家家具店。

经过仔细挑选,李淼看中了一套绿色沙发,一共有六个。她问工作人员:"你这套沙发怎么卖?"工作人员说得很快,李淼还没听明白,人家已经说完了。李淼看了工作人员一眼,说:"我再到其他地方看一看。"然后,离开这家店,走进了另外一家家具店。

在这家店,她同样看到了一套沙发,比上一家店的还要漂亮一些,于是问销售人员多少钱,销售人员说了价钱。

李淼说:"你隔壁就是某某店,如果你这里便宜,我就在你这里买。"他说:"没办法,不能便宜。"

李淼觉得这家店的颜色比之前那家漂亮一点,想买他的,但是还是要跟他杀一下价,继续说:"便宜一点吧!"

销售人员说:"实在不能便宜了。"

李淼说:"那我走了。"

销售人员说:"走也没办法,走也不能便宜。"

李淼看到对方的态度很强硬,想试坐一下,说:"让我试坐一下行吧?"

销售人员说:"你先付款再试坐。"

李淼说:"你开玩笑吧?我试坐一下,才能知道要不要买啊!"

他说:"每个人都试坐了,那我还要不要卖?我只剩这一套了……"

听起来似乎有道理,但李淼觉得很难接受,还没试坐就先让人花钱买坐一下的行为,就说:"你不让我坐,我怎么知道我要不要买?"

销售人员说:"你不买,我怎么知道让不让你坐?"

到底应该先付钱再试坐,还是先试坐再付钱呢?相信答案大家都应该很清楚,应该先让顾客试坐再卖,即使只剩下一套了,也不能让顾客先买再试坐。然后,李淼打算离开。

销售人员既不拉她,也不劝她。她就只好硬着头皮走下去,快要走出店门时他们老板来了,看到李淼急匆匆的样子,连忙问怎么回事?李淼跟他说明了刚才的情况,结果对方说:"这个服务员是刚来的,没礼貌,实在不好意思,进去再说。"

李淼说:"不去。"

老板说,我给你便宜点。

李淼问,便宜多少?

本来李淼就打算买了,看到老板挺爽快,就说:"再便宜一点。"他说:"不能再便宜了。"

李淼说:"不便宜我就不买了。"

正准备走,老板说:"等一下,给你便宜。"

想到他已经降几次价了,自己也急需要买沙发,最终李淼买了。

在这个案例中,本来李淼应该很快就能跟销售人员成交的,销售人员却不懂灵活处理,从而丢了单子。销售人员应牢牢记住:客户就是收入。没了顾客,也就没有业绩,没了收入;只有将顾客牢牢抓在自己手里,才能赢得业绩。

2. 态度决定一切

销售过程中,销售人员究竟应该怎样去对待客户呢?第一,全力满足。第二,把顾客当大事看待。要时不时地问顾客:"请问,先生您的要求我做到了吗?您还有什么要求吗?"

还要注意对顾客提的要求不能一律说"做到",万一顾客有不合理的要求呢?自己不能擅自主张,实在要说,就请示上级,如果上级批准了,才可以说。

3. 工作的目的就是使顾客满意

有一次,周立准备去参加一个正式会议,去之前他准备购买一套黑色西服。他打听了一下,听说有一家服装店比较好,就准备去那里买西服。

周立第二天一早就走进了那个服装店,一进门,工作人员就微笑地看着他,问:"先生,您打算买什么?"

周立说想要一套黑色西装,工作人员问:"要不要线条、花纹、格子?"

周立跟他讲解了一下,她说:"先生,很抱歉,您要的那套西服没有了。"

听到工作人员说没有了,周立感到很失望,正准备出去,工作人员叫住了他，说："先生等一下。"

周立问她什么事情？她说："我这里有个地址可以买到您要的西服，我建议您可以到这一家去买……具体位置在出门左转再右转第五家店。"那是她的竞争对手的品牌。

之后，工作人员将店门锁掉，带着周立一起去竞争对手那里选衣服，帮他找到了以后，又帮忙杀价，周立说："我没有买你的衣服，你还这样做？"她说："我工作的目的就是使您满意。"

后来，当周立再次想买西服的时候，就直接去了她那里，而且没有和她讲价，为什么呢？因为周立信任她，她的服务使他很满意。

三、提高服务质量,让客户满意

1. 提高服务质量

销售人员服务质量的提升,在很大程度上决定了能留住顾客的数量多少。门店的销售额,不仅与产品的质量挂钩,还与销售人员的服务质量有着密切的关系。要想提升服务质量,便不要触犯以下的忌讳:

(1)不要旁听。进店铺购物,很多时候顾客都是结伴而来的,或者还有其他顾客在挑选。当顾客是结伴而行时,销售人员要做到不旁听、不窥视、不插嘴、不窃笑;如果销售人员与客人有急事相商,也不能贸然打断客人间的谈话,最好先暂待一旁,以目示意,等客人意识到后,再上前说:"对不起,打扰您谈话了。"然后,再把要说的说出来。

(2)不要盯瞅。每个人、每个民族、每个国家都有自己的服饰特点,在接待一些服饰较为奇特的客人时,销售人员千万不要久盯或交头接耳,更不能评头论足。这些举动很无礼,容易使客人产生不快,降低购买欲望。

(3)不要口语化。销售人员缺少语言技巧方面的学习和自身素质的培养,在工作中就会有意无意地伤害客人或引起某些不愉快。比如,请顾客吃饭,像"你要饭吗?"这类征询客人点饭菜的语言,会使人听起来很不愉快、不舒服。

（4）不要厌烦。如果个别顾客用"喂""哎"等不文明语言招呼销售人员，不能因顾客的不礼貌就对其表现冷淡或不耐烦，相反，更应通过主动、热情的服务，使顾客意识到自己的失礼。如果你正忙碌，可以说："请您稍等片刻，我马上来。"

2. 充分认识客户需求

马斯洛需求层次理论告诉我们，人类的需求是有层次划分的，既体现个性，更会展现共性。

对于销售人员来说，服务的客户群有较大的数量级，其单位服务成本并不高，更多是依赖高度信息化的工具，提供给客户标准化、规范化且有效率的服务。

工作人员要仔细研究客户的共性需求部分，至于个性部分则要提高到客户关系管理的层级，需要依赖更加信息化、智能化的管理体系。客户需求一般可以分为三个层级：

（1）基本型需求。客户认为企业"必须提供"的产品属性、功能或服务，当其特性不充足(不满足客户需求)时，客户就会感到不满意甚至愤怒；当其特性充足时，就会无所谓满意不满意，充其量是没有抱怨。

（2）期望型需求。客户一般都希望销售人员能够提供更多的产品属性、功能或服务，但不是底线。客户最愿意谈论的也是这部分需求，当其特性不充足时，客户就会感到不满意；当其特性充足时，客户就会满意，且越充足，客户就越满意。

（3）兴奋型需求。"额外提供"给客户的产品属性、功能或服务，完全出

乎客户意料的，能够带给客户惊喜。当其没有特性表现时，客户会觉得无所谓；当其有特性表现时，即使仅有一点，客户也会感到非常满意，且容易将满意转化为忠诚。

3. 用业务能力获取客户满意

首先，销售人员要对自身业务结构进行合理规划，设计合理的业务流程，并对客户可能的诉求进行预判分析，提前做好应对方案。同时，要提高培训质量，丰富知识库，结合现场管理、绩效考核等手段不断提高客服能力，快速、准确地判断客户诉求，核实客户资料，解决客户问题，记录客户信息，将专业、自信的形象展现在客户面前。

其次，要争取问题一次性被解决，尽量减少转接或后续流程。对于普遍不能一次性解决的情况，要深入分析，研究解决方案。

最后，要在一定程度上培养销售人员的预判能力。比如，客户提出一个问题，销售人员能马上分析出这个表象问题背后更深层次的原因，主动提出并帮客户解决根本问题；或立刻分析出其他关联问题，主动关怀客户。假设客户的诉求为"1"，销售人员所提供的服务却能做到"2或3"甚至更多，如此才能让客户感到惊喜。

4. 重视沟通技巧

销售人员的所有工作，几乎都是为了与客户实际交谈的短短几分钟而准备的。同样是解决问题，不愉快的交谈和融洽的交谈，可以带来截然相反的客户感受。而且，客户最愿意投诉和指责的就是沟通中产生的问题。

沟通技巧的缺失类型很多，都会减少信息和情感传递的"到达率"。如：

表达不清、表述反复、让客户重复等，会让客户感到沟通困难；

方言、口语化严重、吐字不清等，会让客户感觉销售人员不专业；

不善于引导、解释等，容易让客户产生误解；

不注意倾听、不合时机地打断、不善用敬语等，会让客户心生不满；

态度生硬、音量和语调提高、有气无力、不当词语等，容易激怒客户。

沟通技巧的失败很容易让销售人员的努力前功尽弃，沟通的成功很大程度上取决于销售人员的个人修养。

四、为客户提供超值服务

所谓超值服务,就是为顾客提供的服务除了满足顾客的正常需要外,还有部分超出了正常需求的服务,使服务质量超出了顾客的正常预期水平。

实际上,服务本身的价值有时会超过硬件产品本身,为了得到更好的服务,有的顾客宁可多跑一些路,到服务好的地方去消费。从根本上说,提供超值服务既是一种"价格战",又是一种"心理战"。

那么,如何为客户提供超值服务呢?下面我们就以酒店行业的营销为例来说明。

1. 给顾客意外惊喜

一天,一个由32位台湾老人组成的旅游团来到某高星级饭店,想尝一尝地道的家乡菜。可是,饭店管理人员并不知道他们到底要吃哪儿的菜、喜欢什么口味、有什么特殊要求等。

为了找到答案,饭店经理只好不断地打电话,经过十几个电话后,终于了解到这批台湾老人入住的酒店,通过与那家酒店联系,得到了这些客人在该城市所有用过餐的菜单,掌握了许多有价值的信息。

饭店经理了解到,这些客人都是从浙江宁波去台湾的,于是就为他们准备了宁波菜。当服务员为客人们送上一桌地道的宁波菜时，老人们仿佛孩童一般地欢呼起来。很快，这些菜就被一扫而光，老人们非常满意。他们说，这是他们到大陆后吃到的最香、最满意、最开心的一顿饭，并向饭店表示诚挚的感谢。

真正超值的服务并不是简单地满足顾客的要求，而是在满足他们要求的同时给他们意外的惊喜。台湾老人团要求吃家乡菜，估计很多人以为是台湾菜，但是饭店经理却通过了解调查发现他们是从宁波去台湾的，家乡自然就是宁波。所以，才有了最后的感谢。

2. 工作时间无限制

一天晚上9点钟了，某餐厅的厨师与服务员都已下班，值班电话忽然响起，原来是已经预订好在晚上7点用餐的客人，因种种原因未准时出现，到现在才突然说要来。

值班经理立刻表示，客人的要求就是命令，一定要让客人吃好这顿饭。他从其他部门找到几个服务员，马上开始行动，摆好台，做好开餐前的准备，又赶快联系到厨师。

20分钟后，客人进入餐厅，餐厅内已灯火辉煌，美味可口的饭菜有条不紊地开始上桌，客人们非常满意。

超过用餐时间一般来说餐厅都不再接单。这位顾客提前订餐，但是有事没来，证明是老顾客并且是大顾客。餐厅在厨师和服务员下班之后立刻找人来服务，当顾客看到这样的情形一定会十分感动。下次，肯定会再来。

3. 满足顾客并做得更好

某餐厅接待一位从台湾来的客人，饭中上了一道"盐水虾"，台湾客人突

然提出要让服务员替他剥虾壳。

在餐饮服务程序中并没有这一项服务项目,但服务员小姐还是答应了客人的请求,小心细致地用公共刀筷为客人剥虾。剥好后,又切成大小均匀的小块,送到客人面前,并说了一句:"希望您满意!"

台湾客人很高兴。

顾客让服务员剥虾壳的要求虽然不常见,但是只要做到了,就是超值服务。帮顾客剥虾壳、弄螃蟹壳并不是顾客的刁难,而是需求。能满足顾客的需求,并且做得好,就是超值服务。

4. 给客人提供方便

入住北京某饭店的一家外国客人,妻子是全身瘫痪的残疾人,由于旅途疲劳,不肯吃饭,丈夫十分发愁。中餐厅的一位服务员知道后,主动走来,接过饭碗,一边用英语鼓励着客人,一边耐心地为她喂饭,终于,客人张开了嘴巴,一点点地把饭吃了下去。这情景让外国友人一家十分感动。

给不方便的顾客喂饭这样的行为确实让人感动,一个善良体贴的服务员就是活生生的招牌。

5. 细节最能打动人

某西餐厅里正值晚餐时间,宾朋满座,几位琴师在现场演奏着优美动人的乐曲。

这时,一个服务员在服务期间,看到一桌客人正在交谈,小姐的话语传到服务员的耳朵里:"我现在特别想听用钢琴和小提琴演奏的《爱相随》。"

服务员马上走到琴师们跟前,说明了情况,之后一曲悠扬的《爱相随》

响起,那位小姐吃惊极了,看到服务员微笑的面孔时,她明白了,十分感动。

细节最能打动人。服务员听到顾客想听一首歌,然后和琴师说了。简单的一个行为,却让顾客收获了感动。将顾客的需求放在心上,这才是最佳服务。

6. 不戴有色眼镜看客人

一天中午,某高级餐厅来了一位老先生,老先生自己找了一个不显眼的角落坐下来,对服务员说:"不用点菜了,给我一份面条就行。"服务员微笑着为他服务,同时给他送来了免费茶水。

当天晚上,这位老先生再次来到这个餐厅,还在老位置上坐下,又点了一份面条,服务员同样为他提供了满意的服务。

吃完饭,老人满意地对餐厅经理说:"我要给我侄子订18桌婚宴,标准要高一些。这些天我到几家高档餐厅看了看,就数这里服务好,决定就在这儿订了!"

服务员一听,真是喜出望外。

好的服务不会带着歧视和有色眼光。对顾客一视同仁地对待,往往能带来意外的收获。

7. 满足不同客人的要求

某饭店接待了一个非常重要的会议。会议期间,客人们发现了一个现象:从开会的第二天开始,每个房间的水果各不相同,不禁有些好奇。原来,为了使会议圆满成功,饭店从各方面收集信息,了解了客人的不同喜好,因此给每个房间的水果也是根据不同客人的不同喜好来决定的。这些客人感到非常惊喜。

不同顾客的口味不一样,但是尽可能地满足顾客的需求就能收获满意。

五、为客户提供个性化服务

个性化服务是根据用户的设定来实现的，依据各种渠道对资源进行收集、整理和分类，向用户提供和推荐相关信息，以满足用户的需求。从整体上说，个性化服务突破了传统的被动服务模式，能够充分利用各种资源优势，主动开展以满足用户个性化需求为目的的全方位服务。

1. 为客户提供个性化服务的好处

个性化服务减少了各中间环节及其支持费用，缩短了供求双方之间的距离，强化了销售人员与顾客之间的沟通。在个性化服务中，只要质量可靠、定价合理，产品就能很顺利地销售出去，大大减少广告、促销等销售成本。

首先，顾客可以及时反映对产品的个性化要求，从销售人员那里得到及时、有针对性的服务，从而获得了预期利益的满足，降低购买风险，提高顾客总价值。

其次，顾客通过各种信息渠道及时地与产品提供者进行沟通，能够节省寻找、挑选购买产品时消耗的时间和精力，提高反馈机制的运行效率。

最后，个性化服务可以使销售人员与顾客之间建立起学习型、良好的合作伙伴关系，提高顾客的忠诚度，创造固定顾客。

2. 为客户提供个性服务的内容

个性化服务与传统的标准化、规范化服务截然不同，因此销售人员必须在制度设计上进行彻底改进。

（1）客户范围。销售人员应根据所估计的客户终身价值、吸引及保持顾客所需成本进行成本收益权衡，确定"金牌"客户、"银牌"客户及一般客户。个性化服务初期，销售人员首先要对能给自己带来丰厚收益的"金牌""银牌"客户提供个性化服务，等条件具备之后，逐渐扩大其服务范围。

（2）健全信息。没有理想的沟通和完全的信息就无法实现个性化服务，销售人员可以借助因特网与顾客——对话，同时利用信息高速公路、卫星通信、声像一体化可视电话等多种技术全方位展示新产品、介绍其功能、演示其使用、建立征询系统，甚至让顾客参与产品设计。

（3）客户档案。销售人员应把顾客当作一项资产来管理，对每一位顾客都必须进行直接管理，建立客户档案。首先，档案的资料应有助于全面描绘顾客的概况，不仅要反映顾客的姓名、地址、电话、生日等情况，最好还包括其习惯、爱好、消费能力、消费档次等；其次，档案必须是动态的，每次与客户接触后，销售人员都要及时将这些信息输入档案中，在顾客不用言传的情况下，让销售人员及时主动地送上贴心的服务和建议；最后，客户档案的信息应在团队内部得到充分共享，实现真正意义上的个性化服务，提高服务效率和顾客价值。

3. 四大关键

个性化服务要经历4个过程，也就是4个步骤，从低到高依次是信任、价

值、感情、远景。

（1）信任。信任是托付的前提，这一点道理同样也适用于销售。一个小单子，客户可能会交给一个喜欢的人，但对于大单子，客户更会选择一个自己深信且能够完成任务的人，因为他担不起失败的责任。信任的含义是对人诚实、正直，信守承诺。对于客户的要求，销售人员不但要尽力完成，且要完成得漂亮。

（2）价值。在建立了好感和信任的基础上，要让客户感觉到你的价值所在。销售人员的价值不仅仅要对客户的业务有帮助，还要让你的价值成为客户个人的价值，这样客户的选择就必定是你了。

（3）感情。同客户建立情感银行账户，这也是最终境界。如同真正的银行账户一样，投入得越多，能支取出来的就越多，当投入积累到一定程度之后，甚至可以透支。而有别于真正银行账户的是，这种情感的积累需要从点滴做起，需要日积月累。

（4）远景。远景是销售人员更长远的规划、发展前景、资源互换的一种方式。

了解了这4个步骤，就能搞好客户关系，做好每一步的销售工作。

本章小结

虽说销售的最终目的是将产品销售出去,可是销售更是一个卖服务的过程。很多销售人员只看重结果,对于过程则不太注意。其实,很多时候,过程非常重要。特别是在销售产品的过程中,销售人员给客户服务的感觉甚至能决定这次销售的成功与否。

客户就是收入。没了顾客,也就没有业绩,没了收入;只有将顾客牢牢抓在自己手里,才能赢得业绩。

销售人员的服务质量的提升,在很大程度上决定了能留住顾客的数量多少。门店的销售额,不仅与产品的质量挂钩,还与销售人员的服务质量有着密切的关系。

服务本身的价值有时会超过硬件产品本身,为了得到更好的服务,有的顾客宁可多跑一些路,到服务好的地方去消费。从根本上说,提供超值服务既是一种"价格战",又是一种"心理战"。

个性化服务突破了传统的被动服务模式,能够充分利用各种资源优势,主动开展以满足用户个性化需求为目的的全方位服务。

第九章

塑造品牌：成交的最高境界，就是做好个人品牌

一、互惠：要获得，就要先付出

客户的拜访过程中，很多销售人员会觉得缺少"敲门砖"，于是总开不了口，跟客户打成一片成为朋友更是难上加难，这个时候聪明的销售人员就会提前给客户准备好一份小礼物，这样一来不仅有了拜访客户的理由，也会给客户带去温暖，觉得是被你放在心上记挂着的，这样就容易拉近和客户之间的心理距离，接下来对客户进行营销，也不会过分引发客户的反感，成功的可能性会大很多。

很多人会说，现在的社会是人情社会。什么是人情社会？就是彼此能够给对方带来利益，你想获得什么，就先给出另一样东西去做交换。

在营销的过程中，销售人员完全可以试着先给消费者一些小礼物，获取对方的顺从感，尤其是在新产品的推广过程中，这一举措会增加消费者对企业和品牌的好感。一旦消费者开始认识并消费产品，这带来的效益将是持久的。

我们来看一下两个场景。

场景一：

中午和同事一起外出吃午餐，结账时同事抢着买了单，明天你们俩再去吃饭的时候，一定是你抢着买单，你觉得他昨天请了你，今天必须回请他。这就是一种互惠现象。

场景二：

今天你结婚，亲戚朋友来参加婚宴，他们来的时候都会给你一份礼金。一个高中同学给了 2000 元，你心底就会记下这笔人情债，甚至会用笔记本记下来，等这位同学结婚的时候，把这个红包还给他。如果这位同学已经结婚，你没机会在别人结婚的时候还这个人情，就一定会想在同学孩子满月的时候把红包送回去；如果人家孩子都快五岁了，会想等人家孩子十周岁的时候，再给他送回去。你总会找机会把那个礼金还给这位同学，还的时候总会再加一点，直到有一天把这个钱返还给这个同学，心里才踏实。

在日常工作和生活中，接受了别人的恩惠，心里就会有一种负债感，这种负债感会促使着你把这种人情恩惠尽快地还回去，以便让自己从这种感觉中解脱出来。互惠就是这样一种心理。

平时去超市购物，经常有免费试吃、免费试用，一般情况下，凡是有免费试吃、免费试用的商品，会比没有免费试吃、免费试用的商品销售得快，其实这就是互惠原理在起作用。

免费试吃，现在很多的商家都在做，但效果却完全不一样。

来看看这个例子。

在水果摊边，放置着一个试吃的小盒子，商家把水果切成块儿，放在小盒子里，边上摆着一堆牙签，所有路过的客户都可以随手拿一根牙签去插一块水果尝尝味道。这个免费试吃、试尝就没有使用到互惠原理，因为吃过的路人转眼就走了。

还有一种情形是：

一天你正在超市里走着，一个促销小姐面带微笑和你打招呼："先生你好，我们这里有一款新口味的咖啡，想请你品尝一下"，说完不等你答应，转过身来就从背后拿出了一个纸杯递给你，然后顺手给你倒了一杯咖啡，面带微笑看着您把咖啡喝完。然后说："先生，您喝完这杯咖啡后感觉如何，口味不错吧！这么好的咖啡，你要带几盒走呢？"一般情况下，人们都会买一两盒，因为他不好意思空着手离开。

这就很好地使用了互惠原理。尽管都是免费试吃、试尝，但是使用的方法不一样，客户心理变化也就不一样。前一种方式，客户没觉得"我欠你的"，但第二种情况就不一样了，客户心里会认为：我不仅享受到你的咖啡，还享受到了无微不至的服务，这种服务就值得我回报。

记住，互惠原则的核心就在于让对方产生负债感。

二、守诺：做出承诺，就要用行动去证明

承诺营销，是通过承诺调查，确定承诺点，并通过各种途径有效地对外传达，然后围绕承诺点，配置各种营销资源，建立和完善顾客价值创造系统，促成承诺的兑现，实现顾客全面满意。

其实，承诺式销售这种营销方式在很早就非常流行，许多知名企业、知名品牌都纷纷采用。比如：年轻态公司做出"货到付款，有试用装，只要不满意，7天内无条件退货"的承诺；EMS"限时专递——次晨达"业务向社会郑重承诺："限时未达，原银奉还"；香港知名的个人护理店——屈臣氏宣布投入1亿元掀起价格战，推出"买贵了，差额双倍奉还"的低价承诺。

这些公司、品牌业务、品牌产品都采用了承诺式营销的手段，以一定的条件，对自己的产品或服务做出质量或价格方面的保证。其中，年轻态公司以"7天内无条件退货"为条件，对自己的产品质量做了保证；EMS次晨达以"原银奉还"为条件，为自己的服务做了保证；而屈臣氏则以"差额双倍奉还"的条件为自己产品的价格做了保证。这说明了承诺式营销在营销角度的适用性，对产品的销售有不可取代的作用。

承诺式营销之所以能有效，主要是因为这种营销方式符合消费者的心理：

消费者购买产品或选择服务的时候，会参考"评价"以及"信心"两个方面的因素。"评价"是指外界的评价，而"信心"则指商家就产品质量或价格等因素给消费者的信心。外界的评价商家无法控制，但给消费者信心，则是商家可以且非常乐意去做的事情。

承诺式营销以诺言的形式让消费者对产品产生信心，非常符合消费者的消费心理，能给销售带来极大的帮助。但若是服务使顾客不满意，则会面临严重的顾客流失，市场研究机构的研究结果表明：在购买大额和小额物品遇到问题的顾客中，不会再购买的比例分别为63%和41%，因服务问题而不会再购买的客户分别为45%和50%。承诺营销的价值通过顾客满意度得到充分体现。

在承诺营销推广中，需要遵循"了解客户需要—确定营销主题—确定营销实施方案—确定承诺营销实施方案—承诺营销执行—承诺营销效果回馈"的统一步骤，具体为：

第一步：了解客户的"优势需要"。

所谓"优势需要"，就是指客户最关心、最希望得到或最需要解决，同时也希望销售人员能做出承诺的需要。有效的承诺强调与消费者的沟通，并且关注顾客的心理需求是否得到充分满足。所有的购买者都希望销售人员对所购产品在自己最关心的问题上给予承诺。因此，只有充分研究消费者的欲望和需要，并将承诺贯穿于营销活动的全过程，才能使自己的产品成为市场亮点。

第二步：确定承诺营销主题。

一般来说，客户的需要很多，承诺的内容也很多，这时该如何进行匹配组合和主次安排呢？销售人员完全可以从客户的需要中提炼出最重要的三项优势需要，结合自己的核心卖点，将这三项进行有机整合，形成核心承诺，再经过语言加工，形成承诺营销主题。

第三步：确定承诺营销实施方案。

承诺营销实施方案的制订自始至终必须以承诺营销主题为中心，各个方案模块可能内部自成体系，但也必须考虑到模块之间的横向联系。另外要注意的是，实施方案的可行性、创意性、有效性是销售人员必须充分考虑的问题。特别是"可行性"问题，这可能是承诺营销中最难解决的问题，因为承诺本身意味着风险，不能践行的承诺给销售人员带来的负面作用更强。

第四步：承诺营销执行。

一旦制订了正确的承诺营销方案，营销执行力就显得尤为重要了。与一般的营销理念相比，承诺营销更注重营销执行，因为承诺营销的本质是细节的到位性，而产生营销执行偏差的原因往往就是忽视或轻视对细节的把握。因此，对销售人员来说，增强执行力意识和提升执行力水平就成为工作中的重要内容。

第五步：承诺营销效果回馈。

较之一般营销理念，承诺营销的效果是最明显的。效果分为正效果和负效果，承诺营销方案和执行没有超出正常偏差范围，承诺效果就表现为正，反之表现为负。作为销售人员，必须通过各种媒介方式做好承诺效果的收集和反馈统计，找出自己的偏差和不足并做好及时纠偏的准备。

三、喜好：了解客户喜好，满足客户的要求

钓鱼的人都知道，鱼儿喜欢吃小虫子。每次去钓鱼的时候，不会想自己喜欢吃什么，而是琢磨这些鱼儿喜欢什么样的美味，可能会换着花样满足鱼儿的喜好需求。因为所有人都明白这样一个道理：想要钓到鱼，就要先准备好美味的鱼饵！

钓鱼尚且如此，当你"钓"人的时候，做销售、做客户维护的时候，为什么不用同样的方法呢？

很多时候，每个人都是对自己的需要大加谈论，比如要客户帮我们开一张信用卡完成任务、帮我们拉点存款、帮我们开个龙支付等。当然，销售人员关心自己的需求任务，对自己的需求会非常积极，而对客户的需求任务却并不是很感兴趣。

同销售人员一样，客户也只会对自己的需求感兴趣。所以，向客户销售产品，要多站在客户的角度，了解客户的真正需求，合理有效地引导客户获得想要的需求，而不是简单地只是当时营销了一个产品就算完成任务。

举个例子：

两位曾经到一家餐厅就餐的顾客，一位男性，爱喝酒，每个月来一次，每单消费600元以上，经常在包房就餐，每次必点红酒；一位女性，爱吃辣，每个月来3次，每单消费不超过200元，总是2人就餐，每次首选辣子鸡丁。

开展营销活动的时候，无论是在餐厅对他们统一打折优惠，还是赠送50元代金券，都是粗暴的、不加区分的营销方式。如果仔细了解他们的信息后会发现，最好的营销方式或许是针对男性推出"消费满800元送红酒一瓶"，针对女性推出"下次到店半价品尝新品酸辣鱼"。

没有顾客和菜品的数据，想要根据不同的人投放他/她所喜好的菜品，单靠收银难以达成这个效果。

营销泛滥的时代，千篇一律的折扣和优惠已经让顾客麻木，然而很多销售人员仍然停留在团购、折扣、单纯玩代金券的层面，无法精准命中顾客，更谈不上什么顾客体验。

策划营销活动最基本的几个问题是：设定活动目的（为什么）、挑选时间（什么时间）、选择人群（对什么人）、活动类型及力度（做什么）。其实，除了对这些问题的回答，还要进一步考虑选择哪些产品做营销。

销售人员要根据活动类型和营销的投放人群，挑选他们喜爱的、复购率高、成本低的产品。比如，招牌菜就不适合做日常营销活动，如果不幸选择错误，会导致营业额下降，本来就要吃烤鸭的客人白白送了烤鸭。而中游销量、毛利高的菜品，反而更适合用营销提升销量，利润也会顺势增长。精准菜品营销回报高、成本低，效果自然比不加筛选的粗放营销更好。

想象一下这样的场景：

顾客打开手机看到的点菜界面，菜品的排序和栏目划分就大有玄机。顾

客是第一次来,还是来过很多次?第一次来,可能推荐的是餐厅回头客最喜欢的招牌鸡汤;来过很多次,可能推荐的是这样一份菜单:

第一道菜:她最爱点的水煮鱼

第二道菜:凉拌木耳——点过水煮鱼的顾客还点过这道菜

第三道菜:串串香——她喜欢吃辣,还是餐厅的老顾客,推荐一下新品,成功率很高

第四道菜:金橘汁——餐厅饮品中热销而且相比菜品高毛利,现在扫码点餐享受半价优惠

结账前,顾客会收到贴心的提示:"您是会员,可以享受会员价,再送一份您最爱的菜品优惠,下次到店可以使用。"这些才是餐厅智能点餐理想的场景。

让顾客的体验最优,餐厅也顺势达成了自己推荐菜品的目的,不知不觉提升了餐厅的营业额;扫码点餐还缩短了顾客就餐的时间,减少了服务员在餐桌边的时间,使得餐厅有更多的精力去关注服务和菜品质量。

销售不是打嘴仗,用嘴不如用心。如果销售人员不了解客户的想法,不注意客户感兴趣的话题,与客户的沟通就很有可能失败。可见,掌控客户的喜好心理,是销售人员拿单的必修课程之一。为实现这点,销售人员可以从4个方面下功夫。

1. 做一个信息收集高手

销售人员开展工作的第一步就是收集客户信息,但是很多销售人员往往不知道怎样收集有用信息,或者盲目收集信息,导致收集来的信息目的性不明确。

要知道，收集的准确信息越多，销售人员才能在谈话中调动更多客户感兴趣的话题。比如，销售人员可以先从客户的工作、孩子、家庭等客户感兴趣的话题谈起，如此不仅能活跃沟通气氛、增加客户对自己的好感，还能收集到对销售有用的信息。

2. 提升自己，丰富知识

销售人员应该在平时多培养兴趣，多积累各方面的知识，尤其多关注比较符合大众口味的话题材料，比如体育运动和一些积极的娱乐方式等。这样一来，等到与客户沟通时就不会捉襟见肘，也不至于使客户感到与你的沟通寡淡无味。

3. 不要故意打断客户说话

为了急于表明自己的立场，总是自作聪明，总是喜欢打断客户的说话。这不仅是一种不礼貌的做法，还是一种让客户逃离你的最佳途径。其实，不仅是客户，任何人都讨厌那种急不可耐、不等别人把话说完就对他人评头论足、妄下结论的人。

4. 巧妙掩饰销售的目的

有一个金牌销售人员这样总结自己的销售经验：在与客户接触初期，一定要使自己的销售目的模糊化，而让客户的需求清晰化，让客户感觉到销售人员不是为了销售东西、对他有利可图才与他接触，这样的销售成功率反而会更高。那么，如何才能达到这样的效果呢？这就要求销售人员巧妙地掩饰自己的销售目的。

四、权威：让权威人士为你说话

将自己依附在权威的大树下，权威之下的营销是非常有说服力的。

莫里斯是洛杉矶的一位销售天才，每次进行销售访问时，他都不会一个人单独去，总会带上被担保人称为友好的第三方FTP一同前往。在销售过程中，莫里斯会引用他的FTP的故事。潜在客户就会想："如果他能做到，我也能做到。"

这就是权威的魔力，当销售人员使用权威策略时，潜在顾客通常会无意识地（有时是有意识地）将他的生意同第三方故事进行比较，会联想到故事中的人物所取得的成功就是他的成功，于是买卖就这样敲定了。此时，潜在顾客会自我宣传，销售人员无须使用艰难而复杂的成交方法。

销售人员运用第三方证明时，使用的某个人最好是一个比较有权威的人或知名企业，这样才可以增加产品的可信度。如何使用这种方法呢？

1. 潜在顾客见到推荐信不会无动于衷

在商业历史的早期，销售商发现他人的证明："我试了一下，非常喜欢。"具有强大的说服力。最开始时，销售人员使用口头证明，引用用户的话来宣传产品。不过，后来发现倘若持有用户的推荐信，效果会更好。

一流的销售人员总是带着一本推荐信做成的小册子,给人看的次数越多,效果就越好。此外,小册子里的推荐信种类越多,效果也越好。

任何一封来自你的潜在顾客认识或听说过的一个人的推荐信,或潜在顾客了解或听说过的某个公司写的推荐信,对促使成交都非常有用。

芝加哥的一位工业销售经理曾经让他的销售人员带上散乱放置的推荐信。成交时,销售人员拿出一封推荐信,递给潜在顾客,让他看一看。他只要一放下,销售人员就再递给他另一封,然后递给他第三封。不一会儿,推荐信在潜在顾客的桌子上就堆成了山。

结果证明:信越多,越好。任何潜在顾客都不可能看到桌子上堆满了满意顾客写的推荐信而无动于衷,不做好成交的准备。

2. 利用有号召力的顾客名单来促使成交

买主名单也是有效的第三方证明,销售人员应该更经常地加以运用,汇编一份知名顾客的名单。

凯瑞是一位销售专家,总会随身携带着一本有许多页的顾客名单。名字都是顾客自己手写的,他将名单放在桌子上。"你知道我们非常以我们的顾客为荣,"他说,"你认识最高法院的霍斯法官,对吧?我估计你也认识安德鲁,全国制造公司的总裁。他们都使用过我们的产品。你看,这是他们的名字。"

他饶有兴致地和客户谈论这些名字,然后说:"有这样一些人都接受了这个价位,如……"他接下来念着一些更知名的人的名字,"具有这种才干的人是什么样的人,就具有什么样的判断力。我想把你的名字写在下面,和霍斯法官与普雷市长的名字放在一起。"

这时不用再进行其他的销售谈论,凯瑞就与多数潜在顾客成交了。

这个故事告诉我们,每位潜在顾客内心都有很强的模仿功能,销售人员所要做的就是用第三方证明策略来启动这一功能,将其朝正确的方向引导。

本章小结

聪明的销售人员会提前给客户准备好一份小礼物，不仅有了拜访客户的理由，也会给客户带去温暖，让客户觉得是被你放在心上记挂着的，就容易拉近和客户之间的心理距离。

承诺营销，是通过承诺调查，确定承诺点，并通过各种途径有效地对外传达，然后围绕承诺点，配置各种营销资源，建立和完善顾客价值创造系统，促成承诺的兑现，实现顾客全面满意。

同销售人员一样，客户也只会对自己的需求感兴趣。所以，向客户营销产品，要多站在客户的角度，了解客户的真正需求，合理有效地引导客户获得想要的需求。而不是简单地只是当时营销了一个产品就算完成任务。

销售人员运用第三方证明时，使用的某个人最好是一个比较有权威的人或知名企业，这样可以增加产品的可信度。

第十章 自媒体运用：紧跟时代潮流，巧用社会化网络

一、选择合适的自媒体传播平台

说到自媒体平台的影响力,很多人会立刻想到"斗鱼一姐"冯提莫。

冯提莫是网红直播界的奇葩。她是第一个从网红转型歌手成功的女主播,也是第一位个人自媒体超过千万粉丝的网红(个人账号)。

冯提莫是众人心目中的宅男女神,她一直坚持可爱青春的直播风格。在户外直播中遇到自己的粉丝,只要他们亲切以待,她都会耐心地与粉丝合照和给粉丝签名。在街道和商城中唱歌的时候,看到有人因为她的歌声停止脚步,她也会亲切地回眸一笑。

冯提莫在斗鱼上有着众多粉丝,时刻都不忘跟粉丝互动,或许正是因为这个原因,她才能从一个不知名的小主播发展成知名的网红,之后成功转型为一名歌手。

自媒体营销需要通过一定的平台来支撑,微信、微博、问答平台都有各自不同的特色,微信活跃用户多,且能够用实时通信功能来做营销;微博传播速度快,是视频传播活跃地。因此,销售人员要根据自身的产品特色,选择最适合的自媒体平台,并且熟悉对应的自媒体平台规则,争取获得更多推荐机会。

那么,除了案例中提到的斗鱼,还有哪些平台适合做自媒体营销呢?

1. 微信公众号

微信公众平台是自媒体人的主战场,也是目前最为火热的平台。做自媒体营销,不玩这个平台,都不好意思说自己做了自媒体营销。对自媒体公众号来说,碎片化的时间越来越难以掌控,努力做好优质原创,才是制胜的法宝。

2. 百度百家

这个是比较有高度的平台,只要申请下来,阅读量很快就会起来。申请这些平台一定要懂得杠杆原理,比如,头条号下来了,先不要急着申请其他平台,至少要运营两个星期后再进行申请,拿着微信公众号和头条号做背书,想不通过都难。

3. 一点资讯

这个平台和头条号差不多。发布文章的审核时间较慢,但偏感情方面的文章在上面有比较不错的浏览量。整体流量略小于今日头条,但比起易信来,还要好很多。

4. 易信

"易信"是中国电信和网易推出的,后台和微信很类似,要想聚集起听众还是比较难的,因为里面多数都是做营销的。

5. 搜狐新闻

这个平台强烈推荐,申请简单,容易通过,发布的文章直接秒通过。流量很多,一篇好点的文章,都能得到上千的流量。

6. 腾讯开发

发布的文章会在天天快报、腾讯新闻客户端、微信新闻插件、手机 QQ 新

闻插件、QQ公众号、手机腾讯网、QQ浏览器等平台渠道进行一键分发，实现优质内容的更多、更准确曝光。这个平台吸引的是坚守原创、深耕优质内容的媒体、自媒体小伙伴，对于前期申请的小伙伴比较友好，尤其还特地为QQ公众号平台开辟了特殊通道。

7. 今日头条

据说头条号有4亿的用户群体，每日有4000万的活跃用户。这么大的流量，谁不想在里面分一杯羹？2015年，头条号是出了名的难申请，不过现在全面降低入驻门槛，但申请的时候还是要注意这几点：文章的内容必须有针对性，定位要清晰，不要太模糊；要提供有效的原创文章链接，让今日头条查看质量；文章不能太少，必须是近期原创文章；必须要原创，如果实在没有原创，就去采几篇伪原创。

8.QQ公众号

这个平台目前暂停开放注册了，需要邀请。不过这阻碍不了什么，要相信，世间还有"某宝"。

9. 网易

申请简单，展示的载体就是网易新闻APP，它开放了两种文章发布形式：一种是手动发布，另一种是快捷的抓取发布，如何操作微信抓取？上线前要发布3篇文章作为上线审核。

10. 凤凰

这个平台审核也很严格。申请时的辅助材料非常重要，辅助材料可以填写个人专栏或者博客，博客和专栏的内容必须是原创。

二、与粉丝的互动,提高互动技巧

与粉丝互动并建立联系的目的是:开发客户的价值,带来忠诚、更长期的粉丝。发展一个忠实的粉丝群是常见的粉丝互动联系方式,对建立高质量的信誉和传播积极的"口碑",进一步获得粉丝都有着非常重要的作用。

1号店曾借助用户"爱玩"的特性打造了一款"你画我猜"的互动游戏,吸引了大量粉丝的参与和转载。

参与活动的方式很简单:用户只要关注1号店的微信账号就能每天收到1号店推送的图片;用户回复答案,只要猜中图片答案,就能获得一份精美礼品。这个活动吸引了众多粉丝参与,使得1号店的粉丝数量迅速增长。

这个案例再一次告诉我们,与粉丝互动,不仅能加强品牌与粉丝之间的联系,还能激发粉丝在公众平台的活跃程度,最终达到营销的目标。

当然,互动的程度取决于粉丝的不同。粉丝互动的方法有很多,比如,针对受众的互动要更具有针对性;通过网站与粉丝互动,亲自了解粉丝户的体验,与社交媒体或论坛上发起讨论的粉丝沟通等。粉丝有问题时,及时与粉丝沟通,有利于培养优质的粉丝服务形象。

自媒体营销,销售的不仅是某个简单产品或服务实体,更多的是为了满

足消费者的需求。显然,这也是形成高品质声誉的重要因素。那么,以何种方式与粉丝互动呢?

1. 在网站上互动

作为一项在线业务,粉丝接触的第一点就是你的网站。只要为粉丝提供一款智能联系工具,就能轻松地与粉丝在网上进行沟通。如果网站上的小工具很有号召力,粉丝自然就会喜欢用它。

粉丝通过这一工具与销售人员取得联系,会立刻收到与查询题材有关的自动回复,表明销售人员在为他们服务。该工具随后还会用访客的电子邮件地址自动提供与粉丝有关的信息,超越服务,实现个人化的粉丝互动。

销售人员了解粉丝联系的信息越多,越能提供更优质的体验,这也是智能小工具的价值所在。

2. 利用社交媒体互动

通过Twitter和Facebook等社交媒体网站提供媒介,粉丝可以与商家轻松建立直接联系;Dropifi平台提供的社交档案信息,通常是与粉丝群保持联系最简单的方法。

与关注活动的潜在粉丝和现有粉丝建立联系,通过社交媒体页面的鼓励反馈、投票、转发以及针对发布文章的评论来促进互动。

3. 通过电子邮件互动

电子邮件是销售人员与现有粉丝沟通的绝佳方式,尤其是粉丝自愿订阅的邮件,销售人员更能向现有粉丝推送多种产品更新、报价等信息,提高互动效果。

最重要的电子邮件，一般都是明确要求反馈的个人电子邮件，具有很强的号召力，在多数情况下，当粉丝有疑问、意见或投诉时，他们都更愿意通过这种形式来沟通和互动。

4. 在论坛上联系互动

粉丝经常会去论坛询问具体问题，销售人员要密切关注平台上的评论以及与产品有关的主题。

在很多情况下，粉丝有困惑时会选择发表负面评价，而不是给销售人员发送电子邮件。这时候，销售人员就要立刻联系他们，并努力把他们的困惑转变为对自己有利的评论。这样做的次数多了，这些人就会变成最好的粉丝；对于积极评价，销售人员可以通过电子邮件向粉丝表示感谢。

总之，销售人员与粉丝互动的方式有很多种，在当今时代，品牌要认识到与粉丝进行有效互动的重要性。作为一项在线业务，一定要重视网站、社交媒体、电子邮件和论坛。

三、做好引流，吸引粉丝用户

有人说"得粉丝者得天下"，说明在移动互联网时代粉丝的重要性不容小觑。

粉丝就是生产力，铁杆粉丝更是绝对生产力。这年头，甘心为你花钱的人都是最爱你的人。演唱会门票是卖给粉丝的，高价产品是卖给拥趸的，快乐是卖给上帝的。从受众到用户，再到粉丝，是一个不断演变的过程。对顾客来说，如果对某个品牌有狂热的追捧，有一定的忠诚度，这就可以被称为粉丝了。

粉丝是一种情感纽带的维系，粉丝行为超越于消费行为本身，因此，销售人员要么将粉丝变成消费者，要么就要把消费者变成粉丝。从苹果开始，乔布斯的"果粉"就是典型的粉丝链接；而小米手机也是与粉丝的情感和价值认同的链接而创造的品牌。

1. 快速吸粉的方法

粉丝数量意味着品牌的影响力和经济价值，所以每个销售人员都想拥有大量的粉丝。

在吸粉之前，首先要寻找一个平台，与粉丝建立连接，形成相对固定的关系。平台可以选择微信、微博或者其他。当然对于电商商家来说，选择微信相对好一点，因为微信是社交属性，用户黏性更高，而微博是媒体属性，适合娱乐和媒体等。

选定平台之后，要考虑如何吸粉。可以先把已经购买产品的粉丝吸引进来，他们购买了产品，对产品有一定的认知和了解，是最先具有传播号召力的粉丝用户。可以引导用户关注公众号，上传好评截图，然后给予一个好评红包。这个方式可以快速吸引大批用户来关注。

为了吸引更多的粉丝，销售人员可以借助短信营销功能，快速通知下单购买的用户，关注公众号，不仅可以获取好评红包，还能免费抽奖一次。多数看到这条短信的用户一定会关注公众号，人们对抽奖都是比较好奇的，都想碰碰运气，特别是还能获得好评红包，他们就更没有理由拒绝了。

2. 如何玩转粉丝营销

做粉丝营销，核心就是要有和用户链接的点，还要有能够和用户顺畅联系和沟通的渠道或平台。只有持续地与用户产生联系，才能加深用户的印象。如今，商家用得比较多的营销平台就是微信。数据显示，微信用户已突破8.9亿人，且中国用户30%的时间都是花在微信上的，因此它是一个很好的平台选择。

选好平台之后就要考虑如何快速吸粉、聚集粉丝了，要使用各种社群营销工具，通过好评有礼、短信营销、微信红包等"组合拳"，快速地把粉丝聚集到微信公众号上。

要通过优秀的内容以及活动来留住粉丝、黏住粉丝。可以借助新品标、

买家秀、会员积分、签到有礼、刮刮乐、大转盘等与粉丝互动,增加粉丝的黏性、活跃度和忠诚度。

把粉丝养熟之后,也就是粉丝对你产生了信任之后,就是粉丝复购的时候。此时可以有针对性地对这部分粉丝推出促销活动,借助节日营销、优惠券等形式吸引粉丝下单购买,使其享受到作为粉丝所享有的特殊优惠;还可以采用返利分销的形式,让粉丝主动地把自己的购物体验分享给朋友,引导朋友下单购买。

四、对营销过程做好监测、分析和管理

销售人员辛辛苦苦开展了各类营销活动,到最后却以缺少整体效果评估依据而告终,这种情况实在令人遗憾。在营销工作中,不重视活动数据、消费者反馈等评价依据的收集和整理,这是目前许多销售人员的一个通病。

通常,营销的过程是:运营、营销或策划人员的活动策划方案经批准,实施到完成后;到需要效果报告时,却束手无策或简单地输出一些粗糙的数据。出现这种情况的罪魁祸首在于,缺少一套对活动效果行之有效的监测方案,无法对活动实施进行实时监控、调整优化以及对目标达成情况的掌握,无法深入总结活动经验、了解有效的营销渠道、分析目标群体的潜在需求,为下次活动发掘机会。

看似成功的活动,却错失了许多关键信息。要知道,将用户需求、营销创意、有效渠道、用户体验以及效果监测五者紧密结合,每次营销活动所创造的价值就会成倍增长,甚至不可估量。

制订营销活动监测方案的步骤如下:

1. 概述营销活动

监测方案中,要对营销活动进行简短概述;掌握好监测对象情况,便于

确定具体监测数据与方法、制订活动效果报告等；概述中简要介绍活动目的、群体、流程、目标、渠道、里程碑事件与时间等营销要素，尤其是活动目标（目的的量化指标，期望的值是多少？）。

2. 划分访客行为

衡量营销活动的成功程度，需要对访客的行为进行分类，一般可分为意愿行为和参与行为两类。

意愿行为，包含试图转化和转化两种，是指用户为实现造访目的所愿意采取的行为，例如下载、购买等。如果是目标访客，访客的意愿行为会与企业所期望的操作保持一致。

参与行为，是指访客除试图转化与转化行为外，所采取的任何内容互动的行为。

前者是活动监测、效果评估的重点对象，后者的数据是问题诊断、活动优化与用户需求挖掘的基础依据。

3. 分析传播渠道和引爆点

利用识微科技舆情监测系统就可以轻松达到这一效果。该系统具有700+物理服务器节点，拥有PB级处理能力，能日处理10亿条互联网数据，不仅能轻松地实时监测各传播渠道的传播情况与具体数据分析，且有直观的图表进行体现。通过不同渠道的占比分析，销售人员可以了解不同渠道的投放效果，以便于后期进一步调整营销投放策略。

4. 确定监测方法

目前，营销监测方法以人工和工具监测为主。传统的人工监测方法，主要根据各市场人员对相关营销数据进行分析归纳汇总总结，然后对整个效果进行评估，这种方法耗时长、效率慢、缺少严谨。

利用工具监测则不一样。识微商情监测系统可实现 7×24 小时实时监测企业自身互联网营销的效果，及时分析，及时调整营销策略，为各项相关工作提供科学决策依据，帮助销售人员进行效果评估，形成效果报告。

5. 制订跟踪方法

依据网站类型与活动方案，将访客行为分为两类后，就需要确定具体的跟踪方法。针对不同类别的数据，需要制订不同的跟踪方法，进而选用相应的监测分析工具。

（1）网站基础数据，即访问次数、停留时间、新访客比率、跳出率，等等。通过 Google Analytics、Omniture 等工具的基本跟踪代码即可获取。

（2）流量来源数据，即某渠道的访客行为监测，以诸如 Google Analytics UTM 类标签、邮件服务商跟踪等即可实现跟踪。

（3）互动数据，即下载、播放、投票、分享等行为数据，以事件跟踪、社交跟踪、虚拟页面等自定义方法即可实现跟踪。

（4）转化数据，即购买、注册等目标转化行为数据，以事件跟踪、电子商务跟踪等自定义方法抓取。

6. 确定监测度量

监测性度量，主要用于监测活动过程是否一切正常地度量指标按照指定目标行进，比如：点击通过率（CTR）、邮件打开率、每次点击成本（CPC）等数据度量指标。它对于活动过程中营销渠道、目标转化效果的及时监测尤为

重要,例如:广告的 CTR 过低,应考虑是广告内容匹配问题,还是广告位置问题。

7.确定成功度量

成功度量主要用于反映活动目标的达成情况,是营销监控的重点,通常包括投资收益率(ROI)、转化率(Conversions Rate)等,这类度量指标的确定需要与相关领导、合作商等利益相关者达成一致。

8.制订与实施报告分享计划

日报、周报、月报都是常见的分享形式,根据具体情况可以适当选取监测报告分享的频率,更新销售人员脑袋中的活动信息。日报一般汇报前一天的情况,确认活动效果是否正常或好转;周报则是分享上一周的亮点、暗点,确定是否采取相应措施;月报则呈现上月活动的里程碑事件、目标达成情况以及存在的问题与困难。

五、将线上和线下结合起来

关于线上线下的结合,做得比较好的当数优衣库。

经过试错后,优衣库选择了合适的O2O模式,从线上向线下引流,借助强大的门店网络,实现了优质的线下零售服务。

为了提高销售量,优衣库使用"趣味性"营销手法。比如,UNIQLOCK将美女、音乐、舞蹈与优衣库当季主打服装结合起来,全球的浏览量多达2亿人次。优衣库还推出过一款基于SNS的社交小游戏,消费者不仅可以在线上互动,还能拿到线下店优惠券。该小游戏在中国共吸引了133万人次,成功实现了销售目标。

目前,优衣库官方的手机应用UNIQLO APP,主要支持在线购物、二维码扫描、优惠券发放以及线下店铺查询。其中,在线购物功能是通过跳转到手机端的天猫旗舰店来实现的,优惠券发放和线下店铺查询功能的主要作用是为向线下门店引流,增加用户到门店消费的频次。

网络营销不只是单一的网站运营和网站推广,很多网站策划的线下活动并没有充分发挥作用,主要表现在:活动开展时轰轰烈烈,活动过后不久便销声匿迹;活动的短期效应明显,但没有开花结果般的成交转化。事实证明,一

个成功的线下推介活动,应带来一轮又一轮的"病毒性"传播,不断地循环式上升,为品牌传播产生优质素材和话题。所以,只有线上线下真正结合,才能达到双赢。

1. 从线下到线上

一方面,许多企业线下渠道销售与网络销售面对的消费者有大量重合,大公司担心这两条渠道会互相产生负面影响,因此并不愿意在新模式上投入过多,给予重视;而另一方面,面对另辟蹊径进入的挑战者,传统模式的胜利者自恃功力深厚,往往不屑一顾。在这种情况下,既深得行业精髓又通晓电子商务之道的销售人员,凭借其专业、单一、快速、轻巧的特点,反而更容易从中胜出。

2. 将线下吸引到线上来

(1)宣传策略。在传统企业实体店的收银台后的墙面上除了有Logo标识,还应加上自己B2C网址进行明显宣传,吸引眼球;在店面张贴海报,或地面放置较大的易拉宝,宣传访问网站的好处和优惠种种;部分店面甚至可以放个大屏电脑,主页是企业网站,使顾客能现场体验网络购物、浏览网络内容。

(2)顾客策略。对于现场购买的顾客:让顾客提供他的E-mail或者电话号码,然后给顾客一张卡片,工作人员在卡片的正面空格处临时填入顾客的E-mail、电话号码和其他信息。卡片反面是宣传语,比如:可以到网站购物、BBS聊天、抽奖、促销、新品、团购等煽情地宣传网站的好处。

3. 线上线下有效互动

要管住线上渠道,必须先管住线下的产品流通渠道,如果线上、线下价格一样，网络销售就有一定难度。这一点，也是传统企业在开展电子商务时必须迈过的一道坎。

线上和线下不是相互孤立的，成功的线下活动需要仰仗线上积累的品牌影响力。具备了线上影响力的网站，可以适时地发挥品牌优势、与目标用户联系紧密的优势、了解市场的优势等来策划举办线下活动。

很多时候，线上没有盈利没关系，线上的影响力就是无形资产，可以通过线上的影响力，推动线下活动的开展，这样不仅能提升知名度、加强与用户的联系，还会获得可观的经济效益。

网络销售给企业带来的影响有好有坏，但一定会有积极的一面。对于传统企业来说，不过是一个投入的时间和节点问题。消费者可以做多种选择，线上和线下之间，是一个相互促进和竞争的关系。

本章小结

销售人员要根据自身的产品特色，选择最适合的自媒体平台，并熟悉对应的自媒体平台规则，争取获得更多推荐机会。

互动的程度取决于不同的粉丝。粉丝互动的方法有很多，比如，针对受众的互动要更具有针对性；通过网站与粉丝互动，亲自了解用户的体验，与社交媒体或论坛上发起讨论的粉丝沟通等。粉丝有问题时，及时与粉丝沟通，有利于培养优质的粉丝服务形象。

从受众到用户，再到粉丝，是一个不断演变的过程。对顾客来说，如果对某个品牌有狂热的追捧，有一定的忠诚度，这就可以被称为粉丝了。

将用户需求、营销创意、有效渠道、用户体验以及效果监测五者紧密结合，每次营销活动所创造的价值就会成倍增长，甚至不可估量。

一个成功的线下推介活动，应带来一轮又一轮的"病毒性"传播，不断地循环式上升。所以，只有线上线下真正结合，才能达到双赢。

后 记

世界上有两件事最难：一是把自己的思想装进别人的脑袋里；二是把别人的钱装进自己的口袋里。销售最核心的就是把自己的思想装进客户的脑袋，这几个字虽然很短，但实际操作真的很有挑战性。

当我们秉承"爱你，所以我成交你"，将此作为工作的出发点，以"成交一切都是为了爱"作为服务客户的理念，你将获得更多客户的青睐。所以，从事销售工作，一定要懂得感恩，拥有爱心。爱，将是你通往销售巅峰的通行证。

成交，意味着更多交易的达成。所有从事销售工作的人，只要你的产品是好的、是正能量的，你们都是在为社会经济的增长做贡献。在为客户的生活水平改善而提供帮助。所以，你将成交做得越好，帮助的人就越多。

而我，将从事销售工作20年的经验汇集于此，献给所有从事销售工作和准备从事销售工作的人，期待每个人都能以爱出发，尽早成为销售领域里的成交大师。

在这里，我要感谢在我从事销售工作过程中对我提供过帮助的领导、老师、同事、朋友；也要感谢曾经拒绝我的客人，因为你们，让我发现不足，同时得以不断提升成交水平；当然，我更要感谢那些和我成交的客户，因为你们让我获得更多的自信，获得更多的成交经验，更让我获得了很理想的收入。

在这里，再一次感谢所有的人。

我一直认为：一个人获得成功不算成功，帮助更多人成功才是真正的成功！

接下来，我将为培养更多的成交人才而奋斗，除了目前正在开设的《成交大师》课程以外，我还计划在有生之年至少收1万个弟子，将他们培养成为杰出的成交大师。届时，我的接班人将遍布天下，他们将惠泽世人。

为了这个目标，我将继续努力。

欢迎你的加入。

我期待，你我成为有缘之人……

邓焱中

2019年9月13日于广州